青春文庫

語彙力も品も高まる一発変換

「美しい日本語」の練習帳

いつもの言葉が、たちまち知的に早変わり！

知的生活研究所

青春出版社

はじめに

日本人の心映えが生んだ「美しい日本語」を話し言葉に、メールに、ツイッターに活用してください

この本のタイトル「美しい日本語」。皆様は、どんな言葉を思い浮かべられますでしょうか？　それ以前に、果たして「美しい日本語」というものは、存在するのでしょうか？

ここに一つの、調査結果があります。平成二七年度「国語に関する世論調査」の問い……「美しい日本語」があると思うか、そうは思わないか？　その回答結果は明々白々。9割強の方が「あると思う」と答えたのだとか。しかも、この傾向は以前の調査時より、増加傾向にあるそうです。

では、「美しい日本語とは？」と質問したところ（選択肢の中から三つまで回答）、一位は、「思いやりのある言葉」六二・三％。「挨拶の言葉」が、四五・三％で二位。以降、「季節の移り変わりを表す言葉」三四・五％、「控え目で謙遜な言葉」三四・三％、「短歌、俳句などの言葉」二五・一％、「素朴ながら話し手の人柄がにじみ出た言葉」二二・〇％、「漢詩・漢文などの引き締まった表現」五・四％、「大和言葉を使った表現」四・九％、と続きます。

花鳥風月を映した美辞麗句や、文学的な比喩など、一目瞭然で「美的」な文言を差し置いて、私たちが日常的に用いる言葉……、話す相手に対し、深い心配りをするフレーズや、コミュニケーションの基本である挨拶こそが「美しい」と感じる日本人。その心映えこそ、「美しい」と感じませんか?

本書では、この日本人らしい感性の「美しい日本語」を厳選。難解で非日常的な表現よりも、「知ってはいるけれど、あまり使わない」「そういえば、こういう優しい言い方があった」「前に聞いたことがある」、そんなふうに「語彙の引き出し」の奥深くにしまいがちな単語や言い回しを中心にご紹介しています。

言葉はその誕生（語源）も諸説あるうえ、生き物です。「死語」という哀しい言葉があるように、使われなくなったものたちは、まさに「死」を迎えます。

ぜひ本書の言葉たちを、毎日の暮らしの中……たとえばメールや手紙を書く折、ブログやツイッター、インスタグラムなどで一言添えるとき、「品のある綺麗な日本語」としてご活用ください。そして、皆様によって「美しい日本語」に永遠の命が授けられることを願ってやみません。

目次

はじめに …… 3

〈第一章〉
思いやりの気持ちにあふれた
言の葉の心尽くし …… 17

謝恩 しゃおん。いただいた恩義に対して、感謝の気持ちを表すこと。「謝」は元々、「言」+「射（さえぎる）」。言葉を遮って礼を言う、謝るを意味する。 …… 19

挨拶 あいさつ。「挨（押す）」+「拶（迫る）」=押し分けて進む→互いの心が近づく。そのための行為が「挨拶」。 …… 21

快諾 かいだく。快く諾（うべな）う。気持ちよく引き受ける。反対語は「固辞（こじ）」。 …… 22

有無相通ずる うむあいつうずる。一方にはあるが、もう一方にはないものを互いに融通し合い、うまくいくようにすること。 …… 23

祝う いわう。その語源は「斎（いわ）ふ」。「忌（い）む」と同源とされ、穢れを避け、潔斎して神をお祀りすることから。 …… 25

持て成し　もてなし。誠心誠意、客を大事にしてご馳走（ちそう）をする。相手に対する心遣いは、マナー（礼儀作法）より「持て成し」のほうが上に位置づけられる。……27
慰藉　いしゃ。労わり、慰めること。「慰」の中国語源は、「尉＝火のし（アイロン）」＋「心」。縮んでしまった布のような心を温めてのばすこと。……29

〈第二章〉
美しい日本語に一発変換
漢語、若者言葉、カタカナ語…

……31
漢語を和語に　かんごをわごに。「漢語」＝音読みの日本語。かつて中国から伝来されたものと、日本で作られたものも。「和語」＝訓読みの日本語。「大和言葉」とも。……33
若者言葉　わかものことば。青少年（十代後半〜二十代前半）が使う俗語。一時的な流行で、後に死語となる言葉もあるが、一部は若者たちが年老いても使用し続け、時代に受け継がれる「コーホート語」も。……38
仕事の言葉　しごとのことば。「仕事」＝「し（為る）」＋「事」＝すべきこと。平安時代には使われていた形跡がなく、中世になって見られるようになった言葉。……42

暮らしの言葉　くらしのことば。「暮らし」＝「くら（暗くなるまで）」＋「し（する）」。中世の末頃から「生計を立てる」の意味で用いられるようになり、江戸時代には「生活費」を表す言葉に。……44
カタカナのビジネス用語　かたかなのびじねすようご。「カタカナ」＝「かた（片方・一部）」＋「仮名」。漢字の一部を取って表した文字。……46

〈第三章〉
日本人ならではの美徳
謙ること・称えること

……49
謙譲　けんじょう。謙（へりくだ）り譲（ゆず）る精神。「自分」をさておいて、「貴方（きほう）」を大事に思い、行動すること。……51
拍手喝采　はくしゅかっさい。「喝采」＝大きな声でほめる。「あなたを賞賛します！」。……54
美人　びじん。文字どおり、美しい人。ちなみに「美人草」は、薔薇でも牡丹でもなく、雛芥子《ひなげし》（ひなげし）のことをいう。……58
十八番　おはこ・じゅうはちばん。得意とする物事。歌舞伎の名門・市川家が得意とする歌舞伎十八番の台本を、箱に入れて保存したところから出たとの説も。……60

〈第四章〉
移ろいゆく時、流れる季節…… 折々の美辞麗句 …… 61

春花秋月 しゅんかしゅうげつ。春の花の美しさ、秋の月の幽玄。四季それぞれの美景に心打たれる贅沢。 …… 63

時候の挨拶 じこうのあいさつ。「時候」＝春夏秋冬。その時々にふさわしい挨拶文は、四季を愛でる日本人の心映え。 …… 67

時 とき。「溶ける・解ける」を語源とする説は、溶けていく時間の経過から。他方、速く過ぎることから「疾く」に源を見るとも。 …… 71

潮時 しおどき。何かを始めたり、終えたりするのに適当な時機。「好機（こうき）」。「終了」専門ではない。 …… 74

［コラム］ 美しい植物の名前 …… 76

〈第五章〉
「自（自ずから）」＋「然（そのようにある）」 自然を映す鏡 …… 77

空 そら。天と地の間にある、何も含まず、何も属さない部分。「虚空（こくう）」とも。 …… 79

雲　くも。空に浮かぶ「雲」の他、「確かでないもの」「極めて高い地位・身分」「スッキリ晴れない気持ち」など、様々な意味を持つ。……80

雨　あめ。諸説あるが、「天（あめ＝大変大きく、広い空間）」＋「水（み）」との説が。……82

風　かぜ。語源は「天翔けるもの」と「空気の動き」の二説がある。……85

雪　ゆき。中国語源では、「雨（「雲」の意）」＋「よ（清い雪）」。雪の降る様子を表したもの。……87

星　ほし。語源の一つに「ほ（品・あきらかに）」＋「し（清々しい）」。空に輝くものを意味する。……88

月　つき。その語源は三説。「尽き」＝毎月、光が尽きる。「次ぎ」＝太陽に次ぐ。「時」＝時間の単位。……90

深山幽谷　しんざんゆうこく。人がほとんど立ち入ったことのない、人里離れた地。まるで仙人の住処（すみか）のような…。……92

風月　ふうげつ。風と月、転じて自然界の風物。心を和ませる美しい景色。……93

言い得て妙　いいえてみょう。「よくぞ、このように言い表したもの！」「やんや、やんや」。……94

〈第六章〉
古人から受け継いだ故郷の誇り
麗しき日の本 …… 95

景色 けしき。元は「気色」で、人のことと自然のことの両方を兼ねていた。後に人のほうは「気色」、自然物に対しては「景色」を用いるように。 …… 97

日本 にっぽん。「太陽が昇る所」の意。また「山地」と「丘陵地（きゅうりょうち）」を合わせると七割になる山の国。そして、国土のおよそ三分の二が森林の木の国。 …… 99

歌枕 うたまくら。和歌の題材となった日本の名所旧跡。古い時代は、和歌で用いられた言葉やテーマ、それらを集めた本をさした。 …… 101

〈第七章〉
大和の感性・細やかな美意識…
日本語の風趣 …… 103

趣き おもむき。しみじみとした味わいや風情。元を辿ると「面（おも・「思」と同源とも）」+「向き」。顔が向く→心が向く。よって対語は「背く」=「背」+「向く」。 …… 105

儚い はかない。元は「はか（目当てや目途）」+「無し」。明確な目当てがなく、心細い、確かではない。「果無い」とも書く。 …… 108

不思議　ふしぎ。「不可思議（ふかしぎ）」の略語。人知の及ばない、理解を超えたもの。または異様なこと。その他、数の単位で、十の六十四乗。……111
洒落る　しゃれる。洒落がきいていること。「洒落」＝気のきいた文句や、興を添えるための言葉。……114
御洒落　おしゃれ。「洒落」の元を辿ると、「洒（さらす）」。風雨にさらされた材木の、美しく木目が出た様子から。とても洗練された美をいう。……117
美意識　びいしき。「美」を生み出し、受け入れる心のこと。「美」＝「羊」＋「大」＝よく太って大きくなった羊が良い＝美しい。……119

〈第八章〉

一世一代の夢

生まれ、育ち、番《つが》い、死す…

……121
幼子　おさなご。「幼」＝「長（をさ）」＋「なし」＝仕分けができない＝リーダーにはなれない＝幼稚。「子」＝小さなもの。……123
若者　わかもの。「若」＝「分（わ）か＋し」＝分け易い＝年や数が少ない。別称は「小者（しょうしゃ）」「若い衆（しゅう）」、勇ましい若者＝「健児（けんじ）」。……125

老人 ろうじん。尊称に「老君（ろうくん）」、別称は「眉雪（びせつ）」、女性は「媼（おうな・おみな）」、男性は「翁（おう・おきな）」、田舎の老人は「野翁（やおう）」。…… 126
生死 せいし。「生」は中国語の「芽」と「土」が語源。土の中から芽が出ることが「生」。「死」は同じく中国語の「骨」と「人」からで、人が骨になる＝「死」。…… 127
所帯を持つ しょたいをもつ。「身に帯びているもの」＝親元を離れ、一家をもって生計を営む＝結婚する。よって「離婚」＝「所帯崩（くず）し」。…… 129
親子 おやこ。「親」＝「敬（うやま）うべき人」から。「子」はその類語に、「吾子（あこ＝自分の子）」「愛（あい）の結晶（けっしょう）」など。…… 131
骨肉 こつにく。血の繋がった親子、兄弟のこと。「骨肉の争い」「骨肉の情（じょう）」など。…… 133
生き様 いきざま。人として生きていくときの有様、状態のこと。対語は「死に様」。…… 135

〈第九章〉

胸の内の百面相
「喜怒哀楽」の四文字では収まらぬ

…… 137
喜ぶ よろこぶ。「よろ」→「ゆれ」→揺れ動く。「こぶ」→「ほぐ」→「祝（ほ）ぐ」。感動・感激して心が動くことをいう。…… 139

怒る おこる。中国の語源で「奴＝抑えきれない激情」＋「心」。どうしようもなくこみ上げてくる、烈火のごとくの怒り。 ……………… 141

悲しむ かなしむ。諸説あるが、「愛（かな）し」＝強く心に迫るものによって、感情が高まり何もできない状態。「喜ぶ」の意味でも使った。 ……………… 142

楽しい たのしい。「楽」は、木の枝に数個の鈴がついている象形。音楽を意味する文字から転じて、「楽しむ」の意味に。 ……………… 143

悩む なやむ。「な＝萎える」＋「病む」。体が衰えてしまうほど、心が病んでいる。 ……………… 144

切ない… せつない…。「切」＋「ない（甚だしい）」。その字のとおり、心が引きちぎられるような思い。 ……………… 145

辛い つらい。その語源は、「つれなし」＝「面なし」＝顔を合わせにくいこと。周囲の対応が無情であることを嘆く心情。 ……………… 146

強い！ つよい！ 縄文時代から使われている言葉。「突き方」の強さが、その語源。 ……………… 147

様々な思い さまざまなおもい。「思い」の語源の一つは「重い」。重い物を抱えている心の状態。その他、「田（＝仕事）」＋「心」。つまり「心の仕事」。 ……………… 148

〈第十章〉

神仏・欧羅巴・昔々…とにもかくにも。言葉の雑学 …… 149

芸能文化が生んだ げいのうぶんかがうんだ。「芸能」＝元は「芸術」と同義語。そこから、体を使って表現することを意味するように。「文化」＝「文明」＋「開化」が語源。 …… 151

神仏に端を発する しんぶつにたんをはっする。「端」＝物事の始まり・糸口。「発する」→中国語の「發」＝足を踏ん張る＋弓を射る。 …… 153

遠く欧羅巴の地から… とおくよーろっぱのちから…。「ヨーロッパ」＝ギリシャ神話に登場する姫・エウロペが語源。最高神ゼウスが変身した白牛にまたがったとたん連れ去られ、ヨーロッパじゅうを駆け巡ったことから。 …… 156

漢字の生まれた国から かんじのうまれたくにから。「漢字」＝古代中国で生まれた文字。日本の常用漢字は、二〇一〇年に改定されて二千百三十六字。漢字の総数は、五万とも十万以上ともいわれ、正確な数字は不明。 …… 159

古人の教え こじんのおしえ。「古人」＝昔の人。「教え」→「教える」＝諸説あるが、「を（愛）し」＋「ふ」＝大事にして育てる。 …… 161

人生訓 じんせいくん。「人生」＝人の一生。「訓」＝教え。「人生訓」の中でも、特に「自らの励まし、戒（いまし）めとしている文言」を「座右（ざゆう）の銘（めい）」という。 …… 162

付録

昔々… むかしむかし…。「昔」を強調するため重ねた言葉。昔話の始まりの文句でも御馴染（おなじ）み。「昔」=「向か」+「し」=人を過去の方向に向かせる。 …… 164

あれはこれ、これはあれ …… 169

「あれ」=「あ（彼）」+「れ（事物）」=遠称（えんしょう）=指示代名詞の「あ」にあたるさし方）=相手にとって遠いものを示す。「これ」→「こ」=近称（きんしょう）→相手にとって近いものを示す。 …… 170

二つ名 ふたつな。本来の名前以外の呼び方。「異名（いみょう）」「別名（べつめい）」「別称（べっしょう）」、また「あだ名」の意味も。 …… 175

面白い日本語 おもしろいにほんご。「面白い」=「面（表情）」+「白い=明るい」。当て字に思われがちだが、語源に基づいた表記。 …… 177

取り違え とりちがえ。間違って理解する=誤解。取り違えたまま使用することは「誤用」。 …… 179

索引 …… 201

編集協力／伊藤叶　本文デザイン／中原克則（STANCE）　DTP／ハッシィ

第一章
思いやりの気持ちにあふれた
言の葉の心尽くし

「思いやり」の言葉などというと、少し身構えてしまうかもしれませんね。ですが、日常的に口にしている言い回しの数々には、思いやりがあふれているのです。

たとえば「今日《こんにち》は」は、実は略語です。その略された部分に隠された思いとは？

また、気配りに対してお礼を述べられた際の「どう致しまして」。こちらは謝辞に対する、やんわりとした否定。ふつう「否定」となると、相手をやり込めるニュアンスがありますが、さにあらず。相手の心の負担を減らすためのものなのです。

そして、よく口にしがちな「頑張って」には、このフレーズを口にするとき、ぜひ事前に知っておきたい語源がありました。

謝恩

しゃおん。いただいた恩義に対して、感謝の気持ちを表すこと。「謝」は元々、「言」＋「射（さえぎる）」。言葉を遮って礼を言う、謝るを意味する。

この言葉を	美しい日本語に！	言葉の成り立ち・意味など
ありがとう！	有り難う	ありがとう。元禄時代から使われるようになり、感謝を表す表現。「有り」＋「難い」＝「ありがたい」から。関西の方言「おおきに」は、「大きに有り難う」の略。
あなたの気配りに感謝！	御蔭様で	おかげさまで。「御蔭」＝他人からいただく恩恵。元々は神仏の情けを意味する。「様」がなくなり「あいつの御蔭で」となると、逆に他人から受ける悪影響のことに。
ご飯やお茶を…	頂きます	いただきます。「頂く」＝「物を頭の上に載せる」→「もらう」の謙譲表現に。

おいしい食事を…

御馳走様でした

ごちそうさまでした。「御」＋「馳走（馬を走らせる）」＝おいしいものを求めて走り回る。そうして手に入ったものを食べさせてもらった謝意。

感謝に堪えない

忝い

かたじけない。「かたじけ＝緊張・恐れ」＋「ない」。有り難くて恐れ多いこと。少々、時代劇風な言葉。

（文書で）大変有り難く存じます

幸甚

こうじん。「幸（しあわせ）」＋「甚（はなはだしい）」。大変に幸せな状況。

まるで神仏のご加護のような

冥利

みょうり。元々、神仏から知らず知らずのうちにいただく利益のこと。よく使われる意味では、それぞれの立場で受ける恩恵を表す。「役者冥利」など。

挨拶

あいさつ。「挨（押す）」＋「拶（迫る）」＝押し分けて進む→互いの心が近づく。そのための行為が「挨拶」。

この言葉を	美しい日本語に！	言葉の成り立ち・意味など
こんにちは	今日は	こんにちは。「今日」＋「は」＋（いいお天気ですね）。「いいお天気ですね」を略した形が挨拶の言葉として定着した。
ではまた…	さようなら	「左様ならば＝そうであるならば」が語源。「そうならば、お別れしましょう」。
どうぞお健やかに…	御機嫌好う	ごきげんよう。室町時代、宮中の女官が使っていたとされ、近世では上流社会の気取った挨拶という受けとられ方をすることが多い。しかし、本来は相手の健康を思いやる、別れの言葉。

快諾

かいだく。快く諾（うべな）う。気持ちよく引き受ける。反対語は「固辞（こじ）」。

この言葉を	美しい日本語に！	言葉の成り立ち・意味など
お声がけいただいてうれしいです	喜んで	よろこんで。「～してくれる？」「喜んで」など。「よろ」＋「ほぐ（祝ぐ）」が語源で、「感動して心が動く→体が動く」の意。
どうぞご随意に	勿論です	もちろんです。「～してもよい？」と聞かれ、「勿論です」。語源は「論ずること勿（なか）れ」。つまり「そんなこと、検討する必要もないですよ。どうぞご随意に」という配慮が光るフレーズ。
限界まで頑張ります！	精一杯	せいいっぱい。「精（命や精神の根源）」＋「一杯」。「力の限りを尽くして」の意。

有無相通ずる

うむあいつうずる。一方にはあるが、もう一方にはないものを互いに融通し合い、うまくいくようにすること。

この言葉を	美しい日本語に！	言葉の成り立ち・意味など
どうか…	御願いします	おねがいします。「願う」は「願（ねぎ）」から。神仏など、大いなるものに対しては「願（ねが）う」となり、目下に対しては「ねぎらう」に。神職の「禰宜（ねぎ）」も同じ語源から。
よろしく御願いします	御世話になります	おせわになります。「世話」＝気配りして面倒を見る・援助や恩恵を受ける。
感謝します！	すみません	本来は「澄み」＋「ません」。かき回された泥水は、やがて泥が沈殿して水が澄む。これと同様に人から受けた恩義で、心が揺れる。そのため気持ちが安定せず、まだ濁った状態であることから「澄みません」。

面倒をおかけします

御厄介になります

ごやっかいになります。「厄介」の語源は、同居人・居候。世話をすることをさす。

いいんですよ

どう致しまして

どういたしまして。お礼や謝罪に対し、「そういっていただくほどのことではありません」の意。英語の「You are welcome」にも、同じ気配りが感じられる。

気にしないでね

お互い様ですから

おたがいさまですから。「相身互(あいみたがい)」という言葉もある。

他人行儀な!

水臭い

みずくさい。「味が薄いこと」が元々の意味で、人間関係において、愛情が薄い、よそよそしいことをさすように。

祝う

いわう。その語源は「斎（いわ）ふ」。「忌（い）む」と同源とされ、穢れを避け、潔斎して神をお祀りすることから。

この言葉を | 美しい日本語に！ | 言葉の成り立ち・意味など

この言葉を	美しい日本語に！	言葉の成り立ち・意味など
めでたい！	おめでとう	語源は諸説あり、「芽出（めで）たく」など、先々の発展を願う当て字から成ったなど。
寿	言祝ぎ	ことほぎ。祝いの言葉で祝福すること。祝辞。逆に、めでたいとき避けたい言葉を「忌（い）み言葉」という。結婚式での「終わる」「再び」など。
よかった！	祝着	しゅうちゃく。喜んでお祝いする。「満足する」の意味も。時代劇でよく聞く、「祝着（至極）に存じます」など。

今日の佳き日

佳日

かじつ。「嘉日」とも。めでたい日、縁起の良い日、佳き日。結婚式などで定番の言葉。

祝宴の日に降る雨

よい御湿りで

よいおしめりで。晴れのほうが明るく吉兆のイメージであるが、雨だってまったく問題なし！　とフォローするフレーズ。結婚式では、「雨降って地固（じかた）まるとも申します」というフレーズも。

おめでとうございます

御慶び申し上げます

およろこびもうしあげます。「慶」の中国語源は、「鹿」＋「心」＋「夂（贈答品）」。おめでたい気持ちを、鹿の革を贈って表したことから。

ハッピーエンド

めでたしめでたし

物語が幸せな結末を迎えること。他の表現に、「大団円（だいだんえん）」＝芝居や小説、または事件が、ハッピーエンドを迎えるシーン。

持て成し

もてなし。誠心誠意、客を大事にしてご馳走（ちそう）をする。相手に対する心遣いは、マナー（礼儀作法）より「持て成し」のほうが上に位置づけられる。

この言葉を	美しい日本語に！	言葉の成り立ち・意味など
いらっしゃい！	ようこそ	「良く」＋「こそ（強調）」が語源。来訪を感謝し、喜んで迎えるときの第一声。もし雨天ならば「お足元の悪いなか」などつけ加えて。
リラックスしてね	（どうぞ）御緩りと	ごゆるりと。ゆったり、自分の家のようにくつろいで。「どうぞ御緩りとお過ごしくださいね」。
足を崩してください	（どうぞ）御平らに	おたいらに。正座は、かつての武士社会において、相手の足をしびれさせ、飛びかかれなくすることを目的にしたもの。よって、そんな思惑不要の持て成しの場では、「足をのばす＝お平ら」に。

お茶菓子がなくて…

空茶ですみません

からちゃですみません。「空茶」＝茶菓子がなくてお茶だけ出すこと。急な訪問の折などにそえる一言。

ほんの一口しかなくて…

御口汚し

おくちよごし。「口汚し」＝少量、もしくは粗末な食事。しかし、事実そうであるというより、たいていは気配り上手が謙遜で口にする言葉。

お裾分け

御福分け

おふくわけ。「御裾分（おすそわ）け」は元々、目下の者にもらったものを分け与えること。よって、元の意味合いを無くし、目上の方に差し上げる場合などに「御福分け」と表現するように。

贈答品の返礼の品

御移り

おうつり。何かいただいたとき、その容器の中に返礼品を入れて返すこと。たとえば、重箱にお赤飯を頂戴したなら、重箱をお返しするとき、お菓子を入れるなど。関西地方では「御賜（おた）め」とも。

慰藉

いしゃ。労わり、慰めること。「慰」の中国語源は、「尉＝火のし（アイロン）」＋「心」。縮んでしまった布のような心を温めてのばすこと。

この言葉を	美しい日本語に！	言葉の成り立ち・意味など
心が痛みます…	御気の毒に	おきのどくに。「気の毒」は、相手への同情だけでなく、自分の苦痛「心の毒」にも使用。その反対語は「気の薬（くすり）」＝面白く、慰めになるもの。
かわいそうに…	御労しい	おいたわしい。「労わしい」＝「労わる」の形容詞形。「とてもお気の毒」「心が痛みます…」。
早くお元気になって	（どうぞ）御大事に	おだいじに。「病気・怪我が早く治り、大事に至りませんように」との気持ちを込めて。「御自愛（ごじあい）ください」は、「健康を害さないように、お体にお気をつけて」なので、すでに病人・怪我人に対しては使用しない。

前に進もう！

頑張って（ください）

がんばって。「頑張る」は当て字で、本来は「眼」＋「張る」。目をかっと見開いて、精一杯努力すること。しかし、その力すら出ない人には言うべきではない。

Never give up!

諦めないで

あきらめないで。元々「明らめる（明らかにする）」＝将来を見て、否定的に悟ることから。諦める＝断念する、諦めない＝先々に何があろうとも、断念しない。

まあまあ（落ち着いて）

宥める

なだめる。「なだ」＝「なだらか」から。苛立ちトゲトゲした心を、なだらかに、なめらかに。

息抜き

気保養

きほよう・きぼよう。心を開放して、気晴らしすること。「気散（きさん）じ」とも。

第二章

漢語、若者言葉、カタカナ語…
美しい日本語に一発変換

「若者言葉」をご存知でしょうか。曰く「パリピ」「オケマル」。時に「乱れた日本語」と大人世代から眉を顰《ひそ》められながらも、街にあふれます。

ビジネスでよく用いられるカタカナ言葉も、乱用しすぎると「偉そうに」「けむに巻かれたようだ」など、評判がよろしくありません。

これらを適材適所に使いこなすことは、立派な大人の嗜《たしな》みといえますが、そのためには「美しい日本語」に言い換えられることが大前提。だって、カッコ悪いじゃないですか。「コミットってなんですか?」とふいに聞かれて、泡を食うだなんて。

まず「美しい日本語」ありき。堅苦しく年寄りくさい印象の漢語も、やわらかい和語に変換しました。

漢語を和語に

かんごをわごに。「漢語」＝音読みの日本語。かつて中国から伝来されたものと、日本で作られたものも。「和語」＝訓読みの日本語。「大和言葉（やまとことば）」とも。

この言葉を	美しい日本語に！	言葉の成り立ち・意味など
愛育	育む	はぐくむ。「羽（は）含（くく）む」＝親鳥が羽を広げて雛鳥を抱えるようにして、大切に育てている様子から。
斡旋	肝入り	きもいり。「肝入り」＝「きも（心）」＋「煎り」。まるで心を煎るように、いらいら、せかせかと世話をすること。
一所懸命	直向き	ひたむき。「ひた（一途）」＋「向き」。脇目も振らず、一つのことに取り組む様。

幸運

幸う

さきわう。「さき（幸・霊）」+「はふ（継続の意）」。素晴らしい獲物が捕れ続ける→幸運に恵まれる。

熟考する

慮る

おもんぱかる・おもんばかる。「思ひ」+「はかる」。深く深く考えること。「思い見る」「惟（おもん）みる」とも。

趣味

嗜み

たしなみ。「嗜む」=「たしなむ（耐え忍ぶ）」から、「あるものに心を打ち込む」「深く隠す」「細やかに気を遣う」などの意味に転じた。

誠意

真心

まごころ。反対語は「下心（したごころ）」。よく言われるのが、「愛」は真ん中に「心」があり、「恋」は下に「心」があるという含蓄（がんちく）。

生命
玉の緒
たまのお。「魂（たま）」を体に結びつけている「緒」の意味から。他に「身命（しんみょう）」「命根（めいこん）」とも。

専門家
玄人筋
くろうとすじ。「玄人」＝「苦労」＋「人」＝そこに至るまで苦労した人。特に、取引所で相場に精通する人。対義語は「素人筋（しろうとすじ）」。

兆候
兆し
きざし。目出度いこと＝「吉祥（きっしょう）」、負けそう＝「敗色（はいしょく）」、怪しい＝「怪（しるまし）」など。

伝言
言伝
ことづて。「ことづけ」もほぼ同意。古い言い方では「ことつて」。伝言を人に預ける場合は「言付ける」。

努力

骨折り

ほねおり。「ほね＝苦労」＋「おり＝精を出す」。この他、「労働の報酬」などの意味も。「骨折り損（ぞん）」＝苦労しても無駄に終わること。

寸志

松の葉

まつのは。「松の葉ほどの些少ではございますが…」という意味で、贈答品の包み紙の上に書く言葉。

繁栄

栄え

はえ。「栄（は）える」＝「晴（は）」＋ゆ（「見ゆ」の略）」＝晴れ晴れして見えること、栄（さか）えること。「栄（さか）え少女（おとめ）」＝美しい盛りの女の子。

懲罰

戒め

いましめ。「忌む」から発生した言葉。「忌み遠ざける」↓「禁止」や「罰」の意味に。

秘密

密か事

みそかごと・ひそかごと。「密事（みつじ）」とも。「こっそりと男女が付き合うこと（密通・みっつう）」の意味も。

心配

患い

わずらい。「患」＝中国語源では「串（物に穴をあけて貫く）」＋「心」＝心中に、突き刺すようなものがあって、気持ちが晴れない。「煩い」とも書く。

喪服

墨染

すみぞめ。「墨染の衣（ころも）」の略＝黒や鼠色の喪服。反対色としては「白無垢（しろむく）」。しかし、かつては「白」が喪の色の主流だった。

約束

契

ちぎり。「手」＋「握る」の音が変化。ここから「約束」、さらに「夫婦になる」「愛を交わす」の意味に広がった。

若者言葉

わかものことば。青少年（十代後半〜二十代前半）が使う俗語。一時的な流行で、後に死語となる言葉もあるが、一部は若者たちが年老いても使用し続け、時代に受け継がれる「コーホート語」も。

この言葉を	美しい日本語に！	言葉の成り立ち・意味など
MJK	声を失う	こえをうしなう。「MJK」＝「まじか」のローマ字表記の略。「声」の他、「耳を疑う」「血の気が下がる」「度肝（どぎも）を抜かれる」「面喰（めんくら）う」など。
あーね	肯う	うべなう。肯定の表現。「あーね」＝「ああ、そうだね」などの略。
オール	まんじりともせず	「まんじり」＝ちょっと眠ること。「オール」＝「オールナイト」＝朝まで起きている。

エモい → 心悲しい

うらがなしい。なんとなく悲しい気持ち。「エモい」＝英語の「emotional（感情の）」から。そのため現在は、「悲しい」の他にも様々な感情を表現するケースも多々ある。

エンカ → 鉢合わせ

はちあわせ。思いがけなく出会う。「エンカ」＝エンカウントの略＝「遭遇」を意味する和製英語。

おけまる → 宜しい

よろしい。「おけまる」＝「オッケー」＝承諾を意味する言葉の若者変換。この他「二(ふた)つ返事（へんじ）」など。

ガチンコ → 鎬を削る

しのぎをけずる。「鎬」＝刀の刃と峰の間の少し高くなった部分のこと。ここが削れるほど刀を交わして戦う。「ガチンコ」＝真剣勝負のニュアンス。

それな

肯ずる

がえんずる。承諾。この他「首を縦に振る」など。「それな」＝同意すること。

ディスる

貶める

おとしめる。「落とす」から派生した言葉。この他「蔑（さげす）む」「見下（みさ）げる」など。「disrespect ＝無礼・不敬」を略して若者変換。

てへぺろ

御茶を濁す

おちゃをにごす。いい加減に言うなどして、その場を誤魔化(ごまか)すこと。「てへぺろ」＝うっかりミスなどに対する誤魔化し笑い。

とりま

何はさておき

なにはさておき。この他「一先（ひとま）ず」「差当(さしあた)って」などが類語。「とりま」＝「とりあえず、まあ」の略。

パリピ

遊蕩児

ゆうとうじ。「遊蕩＝酒食（しゅしょく）に耽（ふけ）る」。その他「放蕩者（ほうとうもの）」など。「パリピ」＝「party people」の略。パーティやイベントで酒を飲み騒ぐ人。

ほぼほぼ

九分九厘

くぶくりん。十分（じゅうぶ＝百％）に一厘（いちりん＝一％）足りない状態。「ほぼほぼ」＝ほとんどすべて。

ドヤる

したり顔

したりがお。「やった！ 上手くいった！」と、得意満面。ドヤ顔。「ドヤる」＝ドヤ顔になること。

ワンチャン

あわよくば

「あわ（間・あわい＝機会）」＋よくば。「ワンチャン」＝「one chance」の略語。元は麻雀用語で「ワンチャンスをものにできれば」→「運が良ければ」。

仕事の言葉

しごとのことば。「仕事」＝「し（為る）」＋「事」＝すべきこと。平安時代には使われていた形跡がなく、中世になって見られるようになった言葉。

この言葉を	美しい日本語に！	言葉の成り立ち・意味など
一生懸命働く	汗水流す	あせみずながす。「汗水」＝汗びっしょりになる。「汗」はこの他、「冷（ひ）や汗」＝恥辱、恐怖。「血（ち）の汗」＝大変な努力や苦しみ、などを感じたときに出るものがある。
職人	匠	たくみ。「手（た）」＋「組（くみ）」＝手を用いる技術・技巧。
勤務	御勤め	おつとめ。「勤め」＝「つと（早朝）」＋め。「早朝に行われる読経などの勤行」が転じて、一般的な「仕事」や「義務」の意味になった。

敏腕家

切れ者

きれもの。類語に「やり手（て）」「手腕家（しゅわんか）」。頭の回転が速く、そのうえ仕事も速く的確。

職業

生業

なりわい。「成り」＋「はひ（状態）」。元々、農業や農作物のことだったが、そこから「生計を立てるための仕事」→「職業」に。

長時間勤務

星を戴く

ほしをいただく。朝から晩まで働くこと。「朝早くから働く」のみを意味することも。

転職

鞍替え

くらがえ。「馬の鞍を替える」ことが語源。「鞍」＝所属や職を象徴。

暮らしの言葉

くらしのことば。「暮らし」＝「くら（暗くなるまで）」＋「し（する）」。中世の末頃から「生計を立てる」の意味で用いられるようになり、江戸時代には「生活費」を表す言葉に。

この言葉を	美しい日本語に！	言葉の成り立ち・意味など
家庭の中	内々	うちうち。この他、表立たないこと＝「内輪（うちわ）」の意味も。「ないない」と読むと、「心の中でこっそり思う」ことも表す。
生活する	世渡り	よわたり。「渡世（とせい）」とも。世渡りの心がけ＝「渡（わた）らい心（ごころ）」。世渡りの才能＝「世知・世智（せち）」。世渡りが難しい＝「世知辛（がら）い」。
収入	実入り	みいり。穀物などが結実すること、もしくは、その実の入り具合の意味も。収入と支出＝「出入（ではい）り」。

食事を用意する人

賄い

まかない。「まか（任せる）」＋「ない（行為）」＝料理をする人に、すべてお任せして食事を用意してもらう。

生活・生計

身過ぎ世過ぎ

みすぎよすぎ。「身過ぎ」＝生計を立てる。「世過ぎ」＝世渡り。

洗濯や料理

水仕事

みずしごと。水を使って行う家事。縫物＝「針（はり）仕事」、梅干しや梅酒を作る＝「梅（うめ）仕事」、夜する仕事＝「夜鍋（よなべ）」。

地球温暖化対策にも貢献

打ち水

うちみず。夏の季語。最大二度も気温を下げるという、打ち水をより効果的にするには、日蔭や植栽、エアコンの室外機などに向け、真昼間を避けて行うのがよいとか。

カタカナのビジネス用語

かたかなのびじねすようご。「カタカナ」＝「かた（片方・一部）」＋「仮名」。漢字の一部を取って表した文字。

この言葉を	美しい日本語に！	言葉の成り立ち・意味など
エース	第一人者	だいいちにんしゃ。ある業界や分野において「最も優れた人である」と認められた人物。自称としては用いない。
エビデンス	言葉質	ことばじち。「言質（げんち）」とも。後日、証拠となる言葉のこと。
コーチ	指南役	しなんやく。「指南」＝「指南車（しなんしゃ・古代中国で作られた方向を示す装置のある車）」→教える・導く。

コミット

固め

かため。かたい約束をすること。「コミット」＝「コミットメント」の略＝約束・誓約。

コラボ

最合う

もやう。「催合う」とも書く。共同で物事を行うこと。「コラボ」＝「コラボレーション」の略＝共同事業・共同制作・共同研究・合作など。

バイヤー

商人

あきんど。「秋」＋「ない（行為）」＋「人」＝元々は「あきびと」。「商い」＝語源は「秋に穫れた農作物を売ること」。

フィックスする

断ずる

だんずる。判断して決定する。その他「決する」＝結論を出す。「フィックス」＝決定。

ベテラン

古兵

ふるつわもの。「古強者」とも記す。他に「老練家（ろうれんか）」。

メモ

備忘録

びぼうろく。「忘備録（ぼうびろく）」とも。忘れないように書き留めるノート。

リーダーシップをとる

主立つ

おもだつ。「重立つ」とも書く。その集団の中で、中心となる。

リストラ

御祓箱

おはらいばこ。「御払箱」とも書く。元々は「信者に配布する札や暦などを入れておく箱」のこと。

第三章

謙ること・称えること

日本人ならではの美徳

日本語は、「世界三大難語の一つである」という説もあるくらい難解な言葉です。特に外国の方が敬語をマスターするのは、至難の業だとか。当の日本人である私たち自身も苦労するくらいですから、さもあらん、です。

その一方で日本には、「謙譲の美徳」という精神があります。「我（われ）が、我が」と人と押しのけてのぼりつめるのをよしとせず、自分が一歩下がって人をたてることこそが美しい…。「今日的ではない」という批判もありますが、これもまた、第一章で触れた「思いやり」。大人として、ふだんから使いこなしたいものですね。

また、相手を褒める文言も、ぜひ「大人の胸ポケット」に常備しておきたい言葉。時に洒落て、時に知性を感じるひと言をマスターしてください。

謙譲

けんじょう。謙（へりくだ）り譲（ゆず）る精神。「自分」をさておいて、「貴方（きほう）」を大事に思い、行動すること。

この言葉を	美しい日本語に！	言葉の成り立ち・意味など
合点承知！	畏まりました	かしこまりました。「畏まる」＝うずくまって座る、もしくは正座する。
御意	承りました	うけたまわりました。「受け」＋「賜る」。「承」には、両手で貴重な物を持つ、という語源が。
行きます	参上します	さんじょうします。「参上仕（つかまつ）る」など。「喧嘩上等」的に使用される若者言葉とは真逆。

微力ですが…

及ばず乍ら

およばずながら。「充分なことができるかどうかわかりませんが、私でよければ…」の意。

面倒をおかけします

御手数ですが

おてかずですが。「おてすうですが」とも。「手数」＝人の為にかける手間。これが有料になると「手数料（てすうりょう）」。

大した御馳走ではなくてごめんなさい

御粗末様でした

おそまつさまでした。「粗（あらい）」＋「末（とるにたらない）」＝あまりよいものではない。お客様の「御馳走様でした」に対しての返答。

上手くなくて…

拙い

つたない。語源には諸説あるが、「伝（つた）」＋「なし」＝伝える価値もない。「拙」＝不器用。

一見、謙譲
しかし打算

諂う

へつらう。逆説的な「美しい日本語」。相手に気に入られようと、お世辞を言う。本当の謙譲には打算がない。

自分

下名

かめい。他に「拙子（せっし・男性のみ）」、「拙老（せつろう・老人）」など。相手は「貴辺（きへん）」「貴方」など。

自分の年齢

馬齢

ばれい。「馬齢を重ねる」＝大した業績も残さぬまま、年をとる。相手の年は「御年（おとし）」。

自分の
住まい

荒家

あばらや。他に「草の戸」「寓居（ぐうきょ）」→寓（仮の住まい）、「蓬門（ほうもん）」＝蓬（よもぎ）で葺（ふ）いた門、「葎（むぐら＝野原や荒れ地に生える雑草）の宿」など。

拍手喝采

はくしゅかっさい。「喝采」＝大きな声でほめる。「あなたを賞賛します！」。

この言葉を

美しい日本語に！

言葉の成り立ち・意味など

よい人物である！

人品骨柄卑しからず

じんぴんこつがらいやしからず。「人品」＝品性や気品。「骨柄」＝人相や体つきから発する人柄。それが、卑しくない＝品格がある。

外見・内面申し分なし！

花も実もある

はなもみもある。「花がある」＝華やかな様子。「実がある」＝思いやりや誠意にあふれる。言うことのないパーフェクトヒューマン。

とりわけ素晴らしい！

天晴れ

あっぱれ。この他「適（あっぱれ）」「華々（はなばな）しい」「汀優（みぎわまさ）り＝水際立つ」など。

際立って優秀だね!

頭抜ける

ずぬける。頭一つリード、他の人より素晴らしい状態。「ずばぬける」「並外れる」と同意。

才知や人徳がある

器量人

きりょうじん。「器量」＝何かをやり遂げることができる才能や能力。

天下第一の人物!

国士無双

こくしむそう。『史記』(しき・中国の正史)に登場する韓信(かんしん)の逸話より。麻雀の役の一つでもある。

ラッキーマン&ラッキーウーマン!

果報者

かほうもの。「果報」＝幸せ。幸運。この他、仏教において、前世の行いによる報いの意も。その場合の反対語は「業(ごう)」。

腹に一物、なんてない！

腹蔵無い

ふくぞうない。腹の中に隠した悪巧みや二心が無い。「真正直（ましょうじき）」な人物。

地味だけど魅力的！

燻し銀

いぶしぎん。決して華やかなわけではないが、実力があり、にじみ出る魅力がある。よって新人ではなく、ベテランに対して使う。

素晴らしい記録！

金字塔

きんじとう。中国語で「キンジ＝「金」の字形」＋「塔」から。「金」の形に似たピラミッドを表すことも。語源には、金属の「金」や金色は関わりなし。

清潔で感じのよい姿

身綺麗

みぎれい。こざっぱりと、清潔なスタイルの人。また、やましいことゼロの状態。反対語は「薄汚（うすぎたな）い」「小汚（こぎたな）い」など。

手綺麗

手際がよい・出来上がりが上等！

てぎれい。他に「綺麗」の付く言葉には、「小綺麗（こぎれい）」＝ほどよく清潔な様子、「口綺麗（くちぎれい）」＝綺麗事を言う・食べ物に卑しくない。

麗筆

綺麗な字！

れいひつ。字にまつわる言葉は他に、「水茎（みずぐき）」＝筆・筆跡など。

生き字引

博識！

いきじびき。英語では「walking（人間の姿をした）dictionary（百科事典）」と、ほぼ同じ表現がみられる。

陰影に富む

深いなあ…

いんえいにとむ。この場合の「陰影」は言葉、音、調子などに細かい違いがあって、趣深いこと。

美人

びじん。文字どおり、美しい人。ちなみに「美人草」は、薔薇でも牡丹でもなく、雛芥子（ひなげし）のことをいう。

この言葉を	美しい日本語に！	言葉の成り立ち・意味など
すっきりした体形	優形	やさがた。単純に痩（や）せているのは「痩せ形」。ひどく痩せている場合は「痩せぎす」「骨皮筋右衛門（ほねかわすじえもん）」。ほどほどが肝要。
綺麗な人！	別嬪	べっぴん。「別」は特別、「嬪」は当て字で、元は「品」＝美人。他に「器量（きりょう）よし」「麗人（れいじん）」「傾城（けいせい・国を亡ぼすほどの美女）」など。
花に見紛う美しさ	物言う花	ものいうはな。「解語（かいご）の花」とも。花の如く、匂うような美しさ。しかも人語を解し、話もできる…。

目にも
まぶしいほど

煌めく

きらめく。元々は「綺羅（きら）」から。「綺」＝あや絹＋「羅」＝薄絹。

美人の
流し目

秋波

しゅうは。女性限定。秋風に水面が揺らぐ様から発した言葉。「秋波を送る」など。

美人は立ち
振る舞いも
美しい

立てば芍薬
座れば牡丹
歩く姿は
百合の花

たてばしゃくやくすわればぼたんあるくすがたはゆりのはな。江戸時代後期の諺語辞典『譬喩尽（たとへづくし）』にも出てくる表現。

しっとり、
黒々とした
髪の色

緑の黒髪

みどりのくろかみ。諸説あるが、一説には「緑」＝「水」＋「透（とおる）」。木の葉が水に濡れているような、瑞々しさを言う。

十八番

おはこ・じゅうはちばん。得意とする物事。歌舞伎の名門・市川家が得意とする歌舞伎十八番の台本を、箱に入れて保存したところから出たとの説も。

この言葉を　美しい日本語に！　言葉の成り立ち・意味など

足が速い！

韋駄天

いだてん。仏語で、仏法守護を担う、よく走る神様。仏舎利（ぶっしゃり・釈迦の遺骨）泥棒を追いかけて捕らえた逸話がある。

なーんでもお見通し…

千里眼

せんりがん。遠い未来、隠れているものを見通す眼。「浄天眼（じょうてんがん）」とも。小説『リング』（鈴木光司著）にも登場するモチーフ。

趣味は余暇に絵を描くこと

日曜画家

にちようがか。パリ市の税関勤めだったアンリ・ルソー、株式仲買人だったポール・ゴーギャンも、元・日曜画家。

第四章

移ろいゆく時、
流れる季節…

折々の美辞麗句

「月日は百代（はくたい）の過客（かかく）」と『奥の細道』に記したのは、江戸時代の俳人・松尾芭蕉（まつおばしょう）。時間は、歩みを止めることのない旅人のよう…。

気が付けば去りゆき、掴まえ所の無いような「時」ですが、なにげない一時であっても、それを表す言葉という「名前」がつくと、特別な価値を与えられます。

さらに、時に移ろいの中でも、日本人の「四季」に対する思い入れは大変なもの！　その美しさを心から愛で、たくさんの麗しい言葉をつくりだしています。

そこから時候の挨拶が生まれ、それらは手紙を通じて受け取った相手方の心を慰めてきました。こうしたやり取りの繰り返しで、さらに言葉は深みを増すのです。

春花秋月

しゅんかしゅうげつ。春の花の美しさ、秋の月の幽玄。四季それぞれの美景に心打たれる贅沢。

この言葉を	美しい日本語に!	言葉の成り立ち・意味など
春、若草を踏んで…	踏青	とうせい。古代中国の風習から生まれた言葉。春の青草を踏んで遊ぶ野遊び。
春を喜ぶように囀《さえず》る鳥たち	百千鳥	ももちどり。春がうれしいのは人ばかりではない。様々な鳥たちの合唱に心躍る。
蜃気楼の一種	逃げ水	にげみず。春のよく晴れた日、草原や路上で遠く見える水のようなものに近づけども、また遠ざかっていく…。古い歌にもよく登場する、武蔵野の名物。

初夏

麦秋

ばくしゅう。麦の収穫期が初夏であることから。小津安二郎（おづやすじろう）監督による映画の題名でもある。

夏の夜はあっという間に…

短夜

みじかよ。日照時間の長い夏季は、夜が短い。反対語である「長夜（ながよ）」は、秋から冬の夜の長さを表現。

見渡す限りの緑！また緑！

万緑

ばんりょく。十一世紀の中国の政治家・文学者・王安石（おうあんせき）が詠んだ「万緑叢中紅一点（ばんりょくそうちゅうこういってん）」という詩句より。

夏なのに鶯？

老い鶯

おいうぐいす。春を越して、山に上ってきて鳴いている鶯。繁殖のための囀（さえず）りは、晩夏になると止む。

秋風

色無き風

いろなきかぜ。光るような春の風や、香るような夏の風、雪花をはらんだ冬の風。秋の風は、漢語の「素風（そふう）」を歌語（かご）にした「色無き風」。

秋ののどかな晴天

秋麗

しゅうれい（あきうらら）。麗（うらら）＝心地よく晴れた日のこと。

物思いの秋

身に入む

みにしむ。空気が冷えて澄み、夜が長くなり…色々な思いが、体に深く染み入るように感じられること。

夜の海に光、光、光…

不知火

しらぬい。秋の季語。九州の八代（やつしろ）海や有明海で見られる。歌心を誘われる言葉で、多くの歌人が歌に詠んでいる。

冬の山は静まり返って

山眠る

やまねむる。春に笑い、夏に緑滴り、秋は錦秋（きんしゅう）を粧った山は、冬、静かに眠る。

寒中に汲んだ水

寒の水

かんのみず。研ぎ澄まされたような、極寒の時期に汲んだ水。滋養強壮の妙薬とされ、特に「寒九（かんく）の水」＝寒に入って九日目の水には、その力が強いのだとか。

舞う雪片

六花

りっか（ろっか）。雪の結晶が六角形であることから雪の異称に。その他「風花（かざはな・かざばな）」「天花（てんか）」「白魔（はくま）」「青女（せいじょ）」など。

まだ冬なのに花が咲いた！

狂い花

くるいばな。小春日和（こはるびより・晩秋から初冬のころの、春を思わせる陽気）に勘違いして、季節外れに咲く花のこと。

時候の挨拶

じこうのあいさつ。「時候」＝春夏秋冬、その時々にふさわしい挨拶文は、四季を愛でる日本人の心映え。

この言葉を	美しい日本語に！	言葉の成り立ち・意味など
一月＝睦月	松の内の賑わいも過ぎ	まつのうちのにぎわいもすぎ。「松の内」＝松飾りを付けている間。一月一日〜七日ごろまで（十五日まで含む場合も）。他に「注連（しめ）の内」など。
二月＝如月	節分を過ぎ	せつぶんをすぎ。「節分」＝立春の前日。二月三日ごろ。よって、二月下旬ならば、「雨水（うすい・二十四節気〈にじゅうしせっき〉の二月十九日ごろ）を過ぎ」。水がぬるんで、新芽も見られるころ。
三月＝弥生	春寒料峭のみぎり	しゅんかんりょうしょうのみぎり。「春寒」＝冬がぶり返した寒さ。「料」＝肌に触れる。「峭」＝厳しい。「みぎり」＝「砌」＝時節。

四月＝卯月

花便りも伝わるこの頃

はなだよりもつたわるこのごろ。「花便り」＝桜の開花具合を知らせる便り。「花信（かしん）」とも。

五月＝皐月

暦の上では夏となりました

こよみのうえではなつとなりました。五月六日ごろが「立夏（りっか）」＝暦上の夏の始まりであることから。

六月＝水無月

霖雨の候

りんうのこう。「霖雨」＝何日も降り続く雨。六月に限らず、長雨の季節に使える時候の挨拶文。

七月＝文月

蝉時雨が賑やかに降り注ぐ季節

せみしぐれがにぎやかにふりそそぐきせつ。「時雨」＝秋の終わりから冬の初めに降る小雨。寒い季節の言葉が、夏の風物詩に使われているのが面白い。

八月＝葉月

ゆく夏を惜しむように

ゆくなつをおしむように。この後、「ひぐらしが鳴き始めました」「花火の宴が続いております」などと続ける。

九月＝長月

彼岸花が咲き乱れる頃

ひがんばながさきみだれるころ。彼岸花の別名は「曼珠沙華（まんじゅしゃげ）」。法華経などの仏典に由来にする。

十月＝神無月

錦秋の候

きんしゅうのこう。十月といえば、紅葉。「錦秋」＝まるで錦（にしき）のような紅葉で彩られた秋。

十一月＝霜月

そろそろ炬燵が恋しい季節

そろそろこたつがこいしいきせつ。炬燵はもちろん寒い時期の象徴であるが、「春炬燵（はるごたつ）」＝春になっても炬燵を使っている＝春の季語となる。

十二月＝師走

今年の冬将軍は手強いとか

ことしのふゆしょうぐんはてごわいとか。「冬将軍」の語源は、フランス皇帝ナポレオンの史実から。戦上手を誇ったナポレオンも、冬のロシア遠征では極寒に勝てず、敗退した。

元日の別称

鶏日

けいじつ。かつて中国で、元日に鶏を占ったことから。一月二日＝「狗（く＝犬）日」、三日＝「猪日（ちょじつ）」。正月三が日に姿を現す鼠（ねずみ）＝「嫁（よめ）が君（きみ）」。

各月の別名（季節感を映した表現）

一月＝霞初月（かすみぞめづき）、二月＝小草生月（おぐさおいづき）、三月＝早花咲月（さはなさきづき）、四月＝卯花月（うのはなづき）、五月＝稲苗月（いななえづき）、六月＝鳴雷月（なるかみづき）、七月＝女郎花月（おみなえしづき）、八月＝竹の春（たけのはる＝竹の葉が青々と茂る）、九月＝青女月（せいじょ＝霜や雪を降らすという女神・づき）、十月＝時雨月（しぐれづき）、十一月＝雪待月（ゆきまちづき）、十二月＝春待月（はるまちづき）。

時

とき。「溶ける・解ける」を語源とする説は、溶けていく時間の経過から。他方、速く過ぎることから「疾く」に源を見るとも。

この言葉を	美しい日本語に!	言葉の成り立ち・意味など
夜明け	暁	あかつき=「明(あ)か時(とき)」=夜明け。ここから「物事の成就」を意味するように。
まだ薄暗い明け方	彼は誰時	かわたれどき。元は、夕方の薄暗いときもさしていたが、後にそれを「誰そ彼時(たそがれどき=黄昏時)」と言うようになった。
月のない明け方	暁闇	あかときやみ。その他、明け方をさす言葉には「白白明け(しらしらあけ)」「払暁(ふつぎょう)」「黎明(れいめい)」など。

日の出から日の入りまで

昼

ひる。物事の最盛期の意味も。語源は「日」＋る。対語は「夜（「夜」＋る）」。ちなみに「朝」は「浅い」を語源にする説あり。

夕暮れ時にさしかかり

暮れ泥む

くれなずむ。暮れそうで暮れない。すっかり暮れたら「暮れ果てる」。

仕事が終わって…

退け時

ひけどき。終業して、帰宅する時刻。夕暮れ時の頃＝「火点（ひとぼ）し頃（ごろ）」とも。

仕事は午前中だけ！

半ドン

はんどん。「ドン」＝「ドンタク」。元はオランダ語の「Zondag（ゾンターク）」＝「日曜日」から。

瞬間

束の間

つかのま。「手で掴むほど、ごくわずかな時間」の意。転じて、壊れやすく儚いことを意味する。その他、「刹那（せつな）」＝仏語で、時間の最小単位。

時の流れを越えて続く

永久

とわ・とこしえ。「常」とも書く。「常の別れ」＝死に別れ。永久に変わらないこと＝「不変（ふへん）」。

遠い昔から今まで

万古

ばんこ。「遠い昔」のみの意味も。同じ意味の言葉に「千古（せんこ）」「太古（たいこ）」が。

過去＋未来

来し方行く末

こ（き）しかたゆくすえ。「通り過ぎてきた方向＋これから行く方向」の意味も。『とはずがたり』（鎌倉後期の日記。後深草院二条の作）にも登場。

潮時

しおどき。何かを始めたり、終えたりするのに適当な時機。「好機（こうき）」。「終了」専門ではない。

この言葉を | 美しい日本語に！ | 言葉の成り立ち・意味など

止め時

置き潮

おきしお。やめるのによい機会。「退（の）き潮」とも。「潮合（しおあい）」は、始めるのによい機会。

万事順調！

男時

おどき。中世の能楽師・世阿弥（ぜあみ）の著『風姿花伝（ふうしかでん）』にも登場。逆に不調なときは「女時（めどき）」。

いよいよ行動の時！

いざ鎌倉

いざかまくら。鎌倉時代、幕府の一大事には諸国の武士が鎌倉に召集されたことから。

千年に一度のチャンス!

千載一遇

せんざいいちぐう。「千載」=千年、ちとせ、長い年月。「一隅」→「遇」=たまたま出くわすこと。

今が真っ盛り!

酣(闌)

たけなわ。「たけ」=時間的に充分に。ここから先はしぼんでいく、衰える…今まさに絶頂の頃合い。

ココが大事な時!

正念場

しょうねんば。元は「性根(しょうね=根性)」+「場」。本来の「正念」は仏教用語で「雑念なしの正しい心」をさす。

きっかけ

機縁

きえん。何かが起こって始まる縁となること。同音の「奇縁」は、「不思議な縁」の意。「機縁法」は、友人・知人などの紹介により調査対象を選ぶアンケート方法。

美しい植物の名前

その美しさを映したり、上手に当て字を使ったり…。
カタカナの植物名と漢字の和名の〝紐づけ〟の妙をお楽しみください。

無花果	イチジク
金雀枝	エニシダ
含羞草	オジギソウ
女郎花	オミナエシ
万年青	オモト
杜若	カキツバタ
羊蹄	ギシギシ
紫雲英	ゲンゲ(レンゲソウ)
山茶花	サザンカ
仙人掌	サボテン
百日紅	サルスベリ
忍冬	スイカズラ
鬱金香	チューリップ
満天星	ドウダンツツジ
合歓木	ネムノキ
風信子	ヒヤシンス
鬼灯	ホオズキ
山桜桃	ユスラウメ
譲葉	ユズリハ
勿忘草	ワスレナグサ

第五章

「自（自ずから）」＋「然（そのようにある）」

自然を映す鏡

青い空に白い雲が浮かび、その雲が灰色に染まると、光るしずくたちが雨となって地に降り注ぐ。そして、漆黒の夜空には、星が金色にまたたく。風はそよそよと吹き、雪はしんしんと降り積もる。

「自然」は色で飾られ、音に満ちています。先人たちは、そのひとつひとつを見落とすことなく、言葉にかえてきました。

また「自然」は、様々な空想の対象にも。「月には宮殿があるそうな」「神も住まわれているよ」「いやいや、男がいると聞いたが？」「違うよ、兎（うさぎ）だよ。それで、太陽には烏（からす）がいるってさ」。

時に想像の翼をはためかせ、時にその恩恵に感謝を捧げながら、「麗色」（九十三ページ）を楽しみましょう。

空

そら。天と地の間にある、何も含まず、何も属さない部分。「虚空（こくう）」とも。

この言葉を	美しい日本語に！	言葉の成り立ち・意味など
青空	碧空	へきくう。晴れ渡った青空。その他「蒼天（そうてん）」「蒼穹（そうきゅう）」「丸天井（まるてんじょう）」。
月が出て空が明るく…	月白	つきしろ。「月代」とも書く。「月代」を「さかやき」と読むと、江戸時代以前の武士などが前頭をそり上げた部分のこと。
物思いをしながら見上げる空	眺めの空	ながめのそら。『源氏物語（げんじものがたり）』にもみられる表現。「眺め」を「長雨（ながあめ）」に掛ける場合も多い。

雲

くも。空に浮かぶ「雲」の他、「確かでないもの」「極めて高い地位・身分」「スッキリ晴れない気持ち」など、様々な意味を持つ。

この言葉を	美しい日本語に！	言葉の成り立ち・意味など
青空の別称	青雲	せいうん。他に「学識がある」「徳を積んでいる」「地位が高い」などの意味に加え、「俗世から一線を画す」ことを示す場合も。
雷雲	神立雲	かんだちぐも。「神立」＝雷、雷鳴。この他、「夕立雲（ゆうだちぐも）」「積乱雲（せきらんん）」など。
残照に染まる雲	天が紅	あまがべに。夕焼雲のこと。「おまんがべに」とも。夕焼の別称は「空火照（そらほで）り」。

吊るし雲

風の伯爵夫人

かぜのはくしゃくふじん。レンズ雲の一種で、高い山の近くに現れる。富士山の場合は「雨俵（あめだわら）」、イタリアのエトナ火山に発生する場合は「風の伯爵夫人」と称される。

仙女や天人の遊ぶ所

五雲

ごうん。青、赤、黄、白、黒の五色をそなえた雲のこと。「五雲の車」とは、五雲を描いた天子や貴人が乗る車。

慶兆の雲

慶雲

よろこぶぐも・けいうん・きょううん。「瑞雲（ずいうん）」とも称す。奈良時代の文武（もんむ）天皇・元明（げんめい）天皇の世の年号でもある。

歌道

八雲の道

やくものみち。和歌の道のこと。「八雲立つ出雲八重垣妻（いずもやえがきつま）ごみに八重垣作るその八重垣を」の歌が、最初の和歌であるといわれることから。

雨

あめ。諸説あるが、「天（あめ＝大変大きく、広い空間）」＋「水（み）」との説が。

この言葉を

美しい日本語に！

言葉の成り立ち・意味など

天気雨

狐の嫁入り

きつねのよめいり。「日照雨（そばえ）」「戯雨（そばえあめ）」とも。

今にも降りそう

雨模様

あめもよう。他に「雨催（あまもよ）い」など本来は「雨が降る前」の状況をさすが、昨今は「すでに雨が降っている」ときに使う場合も。

音もなく静かに降る雨

盗人雨

ぬすびとあめ。足音を潜める盗人のように、気が付けば雨が降っている様子を表現。「盗風（ぬすみかぜ）」は、隙間風（すきまかぜ）のこと。

局地的に降る雨

私雨

わたくしあめ。この他「外待雨（そとまちあめ）」「我儘雨（わがままあめ）」など。

ゲリラ豪雨

鉄砲雨

てっぽうあめ。急に激しく降る大粒の雨のこと。異常気象を嘆く現代だけではなく、古くから存在した気象現象。

夜にぱらりと降る雨

小夜時雨

さよしぐれ。「時雨」＝秋の終わりから冬の初めの時期、ぱらりと通り雨のように降る雨。「落涙」の意味も。冬の季語。

正月三が日の雨

御下がり

おさがり。「御降」とも書く。豊年を約束するめでたい気象とされた。「雨」の女房詞（にょうぼうことば＝室町時代、御所などに仕える女房たちが用いた言葉）。

花に降り
注ぐ雨景色

紅の雨

くれないのあめ。「紅雨（こうう）」とも言う。「花散（はなち）らしの雨」になるのか、さらに花咲きを促す「催花雨（さいかう）」となるか…。

陰暦
五月二十八日
の雨

虎が涙

とらがなみだ。鎌倉時代、曽我（そが）兄弟が父の仇討ちをした際、兄が死亡。その愛人の遊女・虎御前（とらごぜん）が流した涙が雨になって降る。

〝私〟を思い
知らされる
雨…

身を知る雨

みをしるあめ。幸溢れるか、不幸せを抱えるか。雨を涙になぞらえて。

帰ろうと
したら
降る雨

遣らずの雨

やらずのあめ。「不遣の雨」とも。「帰らないで。だって雨も降ってきたし…」。「出掛ける際、折悪しく降る雨」の意味もある。

風

かぜ。語源は「天翔けるもの」と「空気の動き」の二説がある。

この言葉を	美しい日本語に！	言葉の成り立ち・意味など
花が咲いたことを知らせる風	花信風	かしんふう。春の初め、開花を知らせる風。初春から初夏にかけての風をさす。花が咲くころに吹く風は「花風（かふう）」。
初夏の風	青嵐	あおあらし・せいらん。青葉の間を吹き渡る、さわやかな薫風。
松風が波音のように…	松濤	しょうとう。渋谷区の地名の「松濤」は、明治初期、この地に鍋島家が開いた茶園「松濤園」が元。こちらの「松濤」は、「茶の湯の釜のたぎる音」から。

風で柵や竹垣が笛を鳴らすように…

虎落笛

もがりぶえ。「虎落」＝中国で、虎を防ぐために竹を編んで作った柵。

「日本的」の意味だけではなく

和風

わふう・かふう。のどかに吹く、春の風のこと。同じ字で「やわかぜ」と読むと、穏やかな風のこと。また、春に吹く西風は「不通風（とおせんぼう）」。

向かい風

逆風

ぎゃくふう・さかかぜ。そこから、不利な状況や、進行を妨げる事柄をさすように。反対語は「順風（じゅんぷう）」。

地獄で吹き荒れる暴風

業風

ごうふう。地獄に堕ちた者どもの、悪行を感じて吹くそうな。地獄の真逆、極楽には「極楽（ごくらく）の余（あま）り風（かぜ）」の言葉が。気持ちのよい涼しい風のたとえ。

雪

ゆき。中国語源では、「雨（「雲」の意）」＋「よ（清い雪）」。雪の降る様子を表したもの。

この言葉を	美しい日本語に！	言葉の成り立ち・意味など
雪の別称	小母様	おばさま。「叔母様」「伯母様」とも。まるで小母様に会うように、喜んで雪に戯れる犬の様子から。その他「白い物」など。
雪をたとえて	銀花	ぎんか。「銀華」とも。その他「雪花（せっか）」「不香（ふきょう＝香りがない）の花」「六（む）つの花」。
次に降るまで残る雪	弟待つ雪	おとまつゆき。「友待（ともま）つ雪」「雪の友」とも。そして、春先まで消え残る雪を「名残雪（なごりゆき）」と言う。

星

ほし。語源の一つに「ほ（品・あきらかに）」＋「し（清々しい）」。空に輝くものを意味する。

この言葉を	美しい日本語に！	言葉の成り立ち・意味など
秋の星空	星月夜	ほしづくよ。秋の空は澄み渡り、夜の星もことさら美しい。特に新月のころの星空は一見の価値あり。
冬の星	凍星	いてぼし。空気が凍り付いたような冬の夜空に輝く星。冬の季語。
牡牛座のプレアデス星団の和名	昴	すばる。清少納言（せいしょうなごん）の『枕草子（まくらのそうし）』に「星はすばる」の記述がある。

北極星の異名

心星

しんぼし。すべての星が、この星を中心として回るように見えることから。

北斗七星の異名

軍星

いくさぼし。兵学家が北斗七星を軍神（いくさがみ）としたことから。この他「七剣星（しちけんぼし）」「七曜星（しちようせい）」「柄杓星（ひしゃくぼし）」など。

天の川の異名

銀湾

ぎんわん。その他「河漢（かかん）」「銀河（ぎんが）」「星河（せいが・せいか）」など。

流星の異名

天津狐

あまつきつね。その他「縁切（えんき）り星」「星の嫁入（よめい）り」「花火星（はなびぼし）」など。

月

つき。その語源は三説。「尽き」＝毎月、光が尽きる。「次ぎ」＝太陽に次ぐ。「時」＝時間の単位。

この言葉を	美しい日本語に！	言葉の成り立ち・意味など
月にある宮殿	月光殿	がっこうでん。須弥山（しゅみせん＝世界の中心にそびえる高山）の中腹を巡る月にある、月天子（がってんし）の宮殿。また、「都（みやこ）」の美称にも。
月の神	月読命	つくよみ（つきよみ）のみこと。夜を統べる神。太陽の神「天照大神（あまてらすおおみかみ）」は、姉神。
月光で景色がより美しく…	月に磨く	つきにみがく。鎌倉初期の勅撰（ちょくせん）和歌集『新古今和歌集』にもみられる表現。

水に映った月のように…

鏡花水月

きょうかすいげつ。鏡に映る花しかり。手には取れず、ただ心で感じるしかないもの。「鏡花水月法」＝直接説明せずに、はっきりその姿を感じとらせる漢文の表現法。

太陽と月

烏兎

うと。「金烏玉兎（きんうぎょくと）」の略語。太陽には烏（からす）、月には兎（うさぎ）がいるという中国の伝説が起源。「年月」の意も。

月の異名

桂男

かつらお。月に住む伝説の男から。その他「空の鏡（かがみ）」「桂（かつら）」「玉輪（ぎょくりん）」「水鏡（すいきょう）」「氷輪（ひょうりん）」など。

三日月の異名

月の剣

つきのつるぎ。その他「蛾眉（がび）」「眉月（びげつ）」「三夜（さんや）」など。

深山幽谷

しんざんゆうこく。人がほとんど立ち入ったことのない、人里離れた地。まるで仙人の住処（すみか）のような…。

この言葉を	美しい日本語に！	言葉の成り立ち・意味など
山々に囲まれて…	山懐	やまふところ。例・山懐に抱かれた里。「懐」＝周りを囲まれた場所。
山の深い所	奥山	おくやま。「有為（うい）の奥山」＝ろくな道もなく、越すのが難しい深山＝無常なこの世の中のたとえ。伊呂波（いろは）歌の一節。
滝が轟々と落ちる音	瀑声	ばくせい。通常の雨や風は「雨音」「風音」であるが、雷は「雷鳴（らいめい）」、豪雨や荒波は「怒号（どごう）」、そして滝の「瀑声」と、生物的な漢字が当てられている。

風月

ふうげつ。風と月、転じて自然界の風物。心を和ませる美しい景色。

この言葉を　美しい日本語に！　言葉の成り立ち・意味など

この言葉を	美しい日本語に！	言葉の成り立ち・意味など
美しくのどかな景色	麗色	れいしょく。「麗」＝うららか。人に対して、「艶やかな顔色」をさす場合も。
四季それぞれの美しさ	雪月花	せつげっか。日本の四季の自然美の代表的なもの。
いつか見たあの景色	原風景	げんふうけい。心の底にしまってある、最初の風景。それが山河であるか、コンクリートジャングルであるかは、人それぞれ。

言い得て妙

いいえてみょう。「よくぞ、このように言い表したもの!」「やんや、やんや」。

この言葉を	美しい日本語に!	言葉の成り立ち・意味など
露	月の雫	つきのしずく。「露」は「涙」になぞらえることが多い。その他「わずかなこと」「儚(はかな)いこと」のたとえにも。
ダイヤモンドダスト	天使の囁き	てんしのささやき。「ダイヤモンドダスト」=太陽の光を受けて、細氷が輝く現象。
雪	瑞花	ずいか。「豊年を兆す花」の意。雪が降り積もる→春、溶けた雪が田畑を潤す→秋に良い米が穫れる。

第六章

古人から受け継いだ
故郷の誇り

麗しき
日の本

日本は美しい国です。現代人の私たちが感じる以上に、先人たちはその美しさを誇っていました。

「風光明媚」「眺望絶佳」、そんな景色の素晴らしさを表す言葉の、その一つずつに深い感動が隠されています。まるで、深く深呼吸しながら、少し涙しながら、その景色の前に立った古人の姿が見えるようです。

「日本」をさす言葉そのものにも、驚くほどたくさんのバリエーションが。「豊かに実った稲を象徴して」「たくさん茂った葦に思いをこめて」など、植物をベースとしたものだけでも複数存在するほどです。

そんな日本のあちこちには、「歌枕」と呼ばれる和歌のテーマとなった地名が。今も流行歌の題材になるなど、人々の心を奪ってやみません。

景色

けしき。元は「気色」で、人のことと自然のことの両方を兼ねていた。後に人のほうは「気色」、自然物に対しては「景色」を用いるように。

この言葉を
美しい日本語に！
言葉の成り立ち・意味など

なんと美しい眺め！

眺望絶佳

ちょうぼうぜっか。「絶佳」＝並外れて美しい景色。

ため息が出るような美しい景色

花鳥風月

かちょうふうげつ。自然界にある美しいもの…花、鳥、風、月を並べて、「美しい景色」を意味する言葉。

心洗われる美しい風景

風光明媚

ふうこうめいび。「風光」＝自然の眺め。「明媚」＝美しく清らかなこと。

山、川の作り出す美景

山紫水明

さんしすいめい。山は日に映えて紫色に染まり、水はキラキラと澄んで…。

ビーチではなく日本情緒に満ちた砂浜

白砂青松

はくしゃせいしょう・はくさせいしょう。白い砂浜、そこに悠然と立ち並ぶ青々とした松…日本ならではの美しい海岸の風景。

この世のものとは思えないほど…

別天地

べってんち。高層ビルの立ち並ぶ都会の景色を「この世」とするなら、天まで届けと伸びる木々のつくる森は「別天地」。

人の手では触れてはならぬ場所

聖域

せいいき。そこに立ち入り、人の手を加えてはならない、そのまま守るべき場所。英語では「sanctuary（サンクチュアリ）」。例・野生動物の聖域。

日本

にっぽん。「太陽が昇る所」の意。また「山地」と「丘陵地（きゅうりょうち）」を合わせると七割になる山の国。そして、国土のおよそ三分の二が森林の木の国。

この言葉を	美しい日本語に！	言葉の成り立ち・意味など
太陽の昇る所	日出ずる国	ひいずるくに。日本の美称。聖徳太子が書いたとされる「日出づる処の天子、書を日没する処の天子に致す」はあまりに有名。
元は「ジッポン」？	日本	にっぽん（にほん）。七〇一年の大宝律令（たいほうりつりょう）により国名と制定。その昔、中国では「ジッポン」と発音されていたことから、マルコ・ポーロは「ジパング」と伝えたのだとか。
日本の雅称	大和	やまと。たくさんの語源説があり、一説には「山」＋「と（門・狭くなった所）」＝山々に囲まれた狭い場所＝山国。

日本の美称

瑞穂の国

みずほのくに。「瑞穂」＝たわわに実った稲の穂。

日本の美称

豊葦原

とよあしはら。どこまでも葦が生い茂る、豊かな国。

素晴らしい場所

まほろば

「ま（美称）」＋「ほ（秀・すぐれた）」＋「ろば（場所）」。最も優れた所の意。

日本の異称

日の本

ひのもと。「日の本の」は、「大和（やまと）」にかかる枕詞。

歌枕

うたまくら。和歌の題材となった日本の名所旧跡。古い時代は、和歌で用いられた言葉やテーマ、それらを集めた本をさした。

この言葉を	美しい日本語に！	言葉の成り立ち・意味など
男女川	筑波嶺の 峰より落つる男女川 恋ぞつもりて淵となりぬる	みなのがわ。「つくばねの みねよりおつる みなのがわ こいぞつもりて ふちとなりぬる」陽成院（ようぜいいん）。茨城県の筑波山から南に流れ、桜川に合流する川。
恋の松原	とはばやな たが世に誰をうらみ坂 つれなく残る恋の松原	こいのまつばら。「とはばやな たがよにだれをうらみさか つれなくのこるこいのまつばら」道興准后（どうこうじゅんこう）。現在の福井県三方上中郡若狭町。
涙川	涙川 船出やせまし 伊勢の海の 三河へ渡る 湊たづねて	なみだがわ。「なみだがわ ふなでやせましいせのみの みかわへわたる みなとたづねて」大中臣輔親（おおなかとみのすけちか）。三重県松阪市の「三渡川（みわたりがわ）」の別名。

花の窟

木の国や　花のいはやに引縄の　長くたえせぬ　里の神わざ

はなのいわや。「きのくにや　はなのいはやにひきなわの　ながくたえせぬさとのかみわざ」本居宣長（もとおりのりなが）。現在の三重県熊野市有馬町。イザナミノミコトとカグツチノミコトを祀る。

逢坂

これやこの　行くも帰るも別れつつ　知るも知らぬも　逢坂の関

おうさか。「これやこの　ゆくもかえるもわかれつつ　しるもしらぬもおうさかのせき」蝉丸（せみまる）。滋賀県。山城国と近江国境の峠道で、ここを越えれば東国。

夢のわだ

わが行きは　久にはあらじ夢のわだ　瀬にはならずて　淵にしあらなも

ゆめのわだ。「わがゆきは　ひさにはあらじゆめのわだ　せにはならずて　ふちにしあらなも」大伴旅人（おおとものたびと）。奈良県吉野町の「象（きさ）の小川」が吉野川に流れ込む淀。

衣手の森（杜）

山姫の　もみぢの色をそめかけて　錦とみする　衣手の杜

ころもでのもり。「やまひめの　もみぢのいろをそめかけて　にしきとみする　ころもでのもり」相模（さがみ）。現在の京都市右京区、衣手神社のあたりとも。

第七章

日本語の風趣

大和の感性・細やかな美意識…

「揺蕩う」「仮初」「玉響」「泡沫」「幽か」。

そして「三千世界の烏を殺し主と朝寝がしてみたい」。

かなえてくれなきゃ「指切拳万針千本飲ます」。

ちょっと怖い「逢魔が時」「百鬼夜行」。有り難い「守り本尊」「産土神」。

はたまた「伊達」に「傾く」と思いきや「楚々」。

他の国の言語には、翻訳することすら難しいのではないかと思われる、日本語ならではの表現を集めました。

これらの言葉を口にするとき、文字に書くとき。なんとも雅びな、あるいはしっとりとした、時に粋な気持ちになるのはなぜなのでしょう。これらを今まで使ってきた、数えきれない人たちの思いまで、胸に迫ってくるようです。

趣き

おもむき。しみじみとした味わいや風情。元を辿ると「面（おも・「思」と同源とも）」+「向き」。顔が向く→心が向く。よって対語は「背く」=「背」+「向く」。

この言葉を	美しい日本語に！	言葉の成り立ち・意味など
断ちがたきよきもの	絆	きずな。「き」は「限る」「繋ぎ止める」。つまり、繋ぎ止める「綱」。
断ちがたき悪しきもの	柵	しがらみ。水流をせき止める竹や柴（しば）。水流を弱めるために設置するものであるが、そこから「まとわりついて離れない」の意が。
ほんのひと時のこと	仮初	かりそめ。この字は当て字で、本来は「仮」+「染」であったとか。試し染めのことで、そこから「ちょっとした」「間に合わせ程度の」などを意味するように。

迷う…

とつおいつ

元は「取りつ置きつ」。この文字の示す行動のとおり、取ったり置いたりして迷っている様子。

ゆらゆらと

揺蕩う

たゆたう。「猶予う」とも書く。波間を漂う小舟のように、心が定まらないときにも用いる言い回し。

うとうと…

微睡む

まどろむ。目がとろむ（澱〈よど〉む）＝とろとろ、うとうと、まだよく眠れていない状態をいう。

一瞬…

玉響

たまゆら。勾玉（まがたま＝古代の装身具）同士が触れ合って奏でるかすかな音。「玉響現象」＝オーブ現象。写真などに映り込む、小さな水滴のような光球のこと。肉眼では見えない。

雅やか

上品で優雅であること

みやびやか。「雅」＝「宮」＋ぶ。対義語は「鄙（ひな＝田舎）ぶ」。

嫋やか

美しくしなやか

たおやか。「撓（たわ）む」＝「枝がしなう」から。「手弱女（たおやめ）」＝かよわい女性。

艶やか

美しく艶めかしいこと

あでやか。元は「貴（あて）」＋やか＝上品で気高い様子。

匂いやか

輝くように美しいこと

においやか。「匂う」＝「丹（に・赤色）」＋「秀（ほ）」＋ふ（反復の意）。「匂」は、日本で作られた国字（こくじ）。

儚い

はかない。元は「はか（目当てや目途）」＋「無し」。明確な目当てがなく、心細い、確かではない。「果無い」とも書く。

この言葉を	美しい日本語に！	言葉の成り立ち・意味など
水面に浮かぶ泡のように	泡沫	うたかた。＝水に浮かぶ泡＝儚く短い。「泡沫夢幻（ほうまつむげん）」＝儚いことのたとえ。
生きている人世の中	空蝉	うつせみ。実はこの字は当て字で、元は「現人（うつしおみ）」。
有るように見えて本当は無い	幻	まぼろし。「目（ま）」＋「ぼろし（滅ぼし）」。目には浮かぶものの、消えてしまう。「幻の世」＝幻のように、儚いこの世のこと。

今にも消えそう…

幽か

かすか。「霞（かすむ）」が語源。弱々しく、薄く、頼りない状態を意味する。

孤独で不安…

寄る辺ない

よるべない。頼りになる親類縁者＝寄る辺、が無い。たった一人で、先行きが心配である。

流浪

流離

さすらい。「流離う」＝世を避けて、さまよい続ける。「流浪」＝さまよい歩く。

独り言

問わず語り

とわずがたり。誰に尋ねられたでもないのに、語り始める独白。鎌倉時代の女房・後深草院二条が、想い人「雪の曙（あけぼの）」や「有明（ありあけ）の月」との恋愛遍歴を記した日記の名でもある。

秋まで
生き残る蚊

哀蚊

あわれが。小説家・太宰治の短編『葉』の中にある記述。「秋まで生き残されている蚊を哀蚊と言うのじゃ。蚊燻（かいぶ）しは焚（た）かぬもの。不憫（ふびん）の故（ゆえ）にな」。

儚い…

夢の浮橋

ゆめのうきはし。夢の中のあやうい通い路。また、「儚いもの」のたとえ。

煩悩に
まみれて…

無明の闇

むみょうのやみ。悟ることのない状態を言う。「煩悩（ぼんのう）」＝肉体・精神を苦しめ、煩わせ、汚す心の作用。

まるで
花散らす
風のように

無常の風

むじょうのかぜ。「無常」＝一切のものは、常に流転（るてん）する。人の命を奪う「無常」を、咲き誇る花を散らす風になぞらえて。

不思議

ふしぎ。「不可思議(ふかしぎ)」の略語。人知の及ばない、理解を超えたもの。または異様なこと。その他、数の単位で、十の六十四乗。

この言葉を | 美しい日本語に! | 言葉の成り立ち・意味など

この言葉を	美しい日本語に!	言葉の成り立ち・意味など
様々な妖怪変化	魑魅魍魎	ちみもうりょう。「魑」=化け物、「魅」=妖怪、「魍魎」=すだま・山や川、木石などに宿る精霊。
黄昏時は…	逢う魔が時	おうまがとき。「大禍時」とも書く。薄暗くなった夕暮れ時。何か大きな災いが齎(もたら)されそうな…。
恐ろしき夜の行進	百鬼夜行	ひゃっきやこう・ひゃっきやぎょう。列をなした化け物が、夜中に出歩く様子。

墓地に漂う青い炎

鬼火

おにび。「狐火（きつねび）」とも。墓に納められた人骨などに含まれるリンが、自然発火したものと言われているが…。

煩悩よ去れ！

破魔

はま。仏語で、悪魔を打ち破ること、煩悩に打ち勝つこと。「破魔矢（はまや）」＝正月の縁起物で、神社で売られている、矢の形をした厄除けの御守り。

生まれた土地の守り神

産土神

うぶすながみ。「うぶがみ」などとも。「産土」＝生地（せいち）・生まれ故郷。

私を守ってくれる仏様

守り本尊

まもりほんぞん。「守護本尊（しゅごほんぞん）」とも。生まれ年の干支によって決まる。

木の精霊

木霊

こだま。「木魂」とも書く。山や谷に向かい、叫ぶと声が戻ってくる現象が、「木霊」によるものと考えられ、これも「こだま」と呼ぶように。

言葉の力

言霊

ことだま。古くから日本で信じられてきた、言葉に宿る不思議な力。言葉を発することで、それが現実化するという。

月の光を浴びて…

月光浴

げっこうよく。日本探偵小説史上における三大奇書の一つ『虚無（きょむ）への供物（くもつ）』の作者・中井英夫（なかいひでお）は、月光浴をモチーフにした作品を残している。

ドッペルゲンガー

影法師

かげぼうし。「二重身（にじゅうしん）」＝ある人とそっくりな人。魂が肉体から分離し、形となったもの。死の前兆とも言われる。

洒落る

しゃれる。洒落がきいていること。「洒落」＝気のきいた文句や、興を添えるための言葉。

この言葉を

恋しすぎて

恋煩いに打つ手なし

このまま二人で、朝が来ても…

美しい日本語に！

恋に焦がれて鳴く蝉よりも鳴かぬ蛍が身を焦がす

御医者様でも草津の湯でも

三千世界の鳥を殺し主と朝寝がしてみたい

言葉の成り立ち・意味など

こいにこがれてなくせみよりも、なかぬほたるがみをこがす。都々逸（どどいつ）の名調子。しかし「蛍二十日（ほたるはつか）に蝉三日（せみみっか）」。いつまでその思いがもつのやら。

おいしゃさまでもくさつのゆでも。「惚（ほ）れた病（やまい）は治りゃせぬ」と続く。「草津の湯」は日本有数の湯治場（とうじば）。

さんぜんせかいのからすをころしぬしとあさねがしてみたい。三千世界＝全世界。幕末の志士・高杉晋作（たかすぎしんさく）がなじみの遊女にうたったとされる都々逸。

私だって若いころはね…

鶯鳴かせたこともある

うぐいすなかせたこともある。今は年老いてしまったけれど、昔はそりゃあちやほやされてたのよ、まるで盛りの梅の木が鶯を呼び寄せて、いい声で鳴かせるみたいにね…。

悪口は自分にも害を…

物言えば唇寒し秋の風

ものいえばくちびるさむしあきのかぜ。江戸時代の俳人・芭蕉（ばしょう）の句より。人の悪口を言うと後味が悪い。そこから、余計な口を叩くと、災いを招くという戒めに。

忍耐に次ぐ忍耐

ならぬ堪忍するが堪忍

ならぬかんにんするがかんにん。「堪忍」＝辛さに堪えて忍ぶこと。「これ以上は無理！」と思うほどの辛酸（しんさん）を嘗め、乗り越えるごとに、人の器は大きくなる。

まあ見ててくださいよ

細工は流々仕上げを御覧じろ

さいくはりゅうりゅうしあげをごろうじろ。「細工」＝細かい作業、「流々」＝流儀・流派。「途中で文句をつけずに、でき上がったものを見てから判断してください」。

恐れ入りました

恐れ入谷の鬼子母神

おそれいりやのきしもじん。「入谷」＝東京都台東区の地名、「鬼子母神」＝子が千人もいながら、他人の子を食い殺したため、愛児を仏に隠された。このことから学び、出産・育児の神に。

約束を守らないと…大変なことに

指切拳万針千本飲ます

ゆびきりげんまんはりせんぼんのます。指切＝小指を切る、拳万＝げんこつ一万回。針千本…約束は守るべし。

質屋とはいわず…

七つ屋

ななつや。「しちや」ではなく「ななつや」。かつて、質屋に通う＝貧乏という意味合いがあり、その名をぼやかして表現。小説家・島崎藤村（しまざきとうそん）の著作にも登場。

焼き芋いかが？

栗よりうまい十三里

くりよりうまいじゅうさんり。「栗」＝九里、「より」＝四里、足して十三里。

御洒落

おしゃれ。「洒落」の元を辿ると、「洒（さらす）」。風雨にさらされた材木の、美しく木目が出た様子から。とても洗練された美をいう。

この言葉を	美しい日本語に！	言葉の成り立ち・意味など
お化粧して御洒落に！	御粧し	おめかし。「粧し屋」＝御洒落が大好きな人。「粧し込む」＝「洒落込む」＝念入りに化粧をする。化粧する＝「色（いろ）を作る」とも。
目尻や耳朶に赤みを少し	愛嬌紅	あいきょうべに。目尻や耳朶（みみたぶ）に紅を少し加え、女性の愛らしさが強調させる化粧。
洗練された美しさ！	臈長ける	ろうたける。「臈＝（僧侶が受戒したあと、安居の功〈＝夏の修行〉を積んだ年月）」、「長ける」＝積んだ。つまり、長年の蓄積でもって尊敬されるの意。そこから、女性の気品あふれる美しさをさすように。

華やかに装う

綺羅を飾る

きらをかざる。いわゆる「キラキラコーデ」の他、「見栄を張る・体裁を取り繕（つくろ）う」の意味も。また「花をやる」という表現も。

外・中ともに美しく

身嗜み

みだしなみ。服装や容姿など外見だけでなく、態度・言葉遣いに至るまで。その人が外に向かって発するものすべてに対しての心遣い。「嗜み」＝普段からの心がけ。

綺麗な衣装

綾錦

あやにしき。「綾」＝盛り上がった模様。「錦」＝「丹（に）＋繁（しき）」＝色鮮やかな織物や敷き物。

都会的

垢抜ける

あかぬける。汚れを気にしないで野良仕事に精を出していた人が、ひと風呂浴びてさっぱりした様子から。対義語は「泥臭（どろくさ）い」「野暮（やぼ＝洗練されない）ったい」。

美意識

びいしき。「美」を生み出し、受け入れる心のこと。「美」＝「羊」＋「大」＝よく太って大きくなった羊が良い＝美しい。

この言葉を	美しい日本語に！	言葉の成り立ち・意味など
色っぽくて気が利いていて	粋	いき。「心意気（こころいき）」から出た言葉。また「男女関係に精通した」「花柳界の事情をよく知る」というニュアンスも。いずれも対義語は「野暮」。
洒落た好み	伊達	だて。この字は当て字で、この他に「見栄を張る」「男気をひけらかす」の意味も。
派手な身なり目立つ言動	傾く	かぶく。戦国～江戸時代の「傾奇者（かぶきもの）」など。権力に対する反発が、その行動の根底にあったと言う。

あえて粗野に

蛮カラ

ばんから。わざと乱暴な言葉を発し、粗野な服装に身を包む。反対語は「ハイカラ＝西洋風、目新しいもの好き」。

品位と深みと…

奥床しい

おくゆかしい。「奥」＋「行かし」。心が行く＝心惹かれる。その要因は、上品であること、深みがあること。

清らかで美しい…

楚々

そそ。「楚」＝まっすぐに伸びた細い枝。ここから細身の、清らかな風情の女性を形容するように。

緩みがなく引き締まって

きりり

弓を引き絞るときに起こる「キリキリ…」という音から。「きりっとした」とも。

第八章

生まれ、育ち、番《つが》い、死す……

一世一代の夢

誰しもが、父と母によってこの世に生まれ出されます。一人の力で生まれる子などいません。そして、父と母に他に子があれば、その子は兄弟・姉妹となるわけです。

もちろん、父と母にも、その父と母が存在します。またその父母があり…まるで一族が、祖先を根とする大樹のように成り立ちます。

そうやって自分がいちばん若い枝となって、やがて子を得ることもあるでしょう。もしくは、ひとりで生きていくのかもしれない。いずれにせよ、年とともに自然と枯れていきます。そして、死を迎える。誰であっても、年には逆らえません。

人の生と死を見つめた言葉たち。そこに封じ込められた愛情や喜び、そして悲しみを感じてください。

幼子

おさなご。「幼」＝「長（をさ）」＋「なし」＝仕分けができない＝リーダーにはなれない＝幼稚。「子」＝小さなもの。

この言葉を	美しい日本語に！	言葉の成り立ち・意味など
幼くて可愛くて	幼気	いたいけ。元は「痛き気」＝心に痛みを感じるほどのいじらしさ。そこから、幼くて可愛らしい様子をさすように。「幼気盛（ざかり）」＝幼児の、最も可愛い盛り。
元気のよい女の子	御転婆	おてんば。この字は当て字。語源の一つは、オランダ語の「ontembaar（オンテンバール）」＝飼い慣らせない」から。
生意気な小さな女の子	おしゃま	「おしゃま」→「おしゃます」→「おっしゃいます」。幼い女の子が「おっしゃいます」のように、大人びたことを言ったり、したりすることをさす。

我儘《わがまま》で持て余し気味…

やんちゃ

「やに（松脂・まつやに）」＋「ちゃ（粘って取りにくい）」。

悪戯《いたずら》っ子のきかん坊

腕白

わんぱく。漢語の「枉惑（わうわく＝無道）」から発した説と、「関白（かんぱく）」が訛（なま）ったという説がある。

才能あふれ将来が楽しみな少年

麒麟児

きりんじ。麒麟＝中国の伝説にある霊獣、聖人が出ると姿を現す。他に「神童（しんどう）」など。

神頼みして恵まれた子

申し子

もうしご。「ある特性を強く現すもの」の意味で「時代の申し子」などとの表現も。

若者

わかもの。「若」＝「分（わ）か＋し」＝分けやすい＝年や数が少ない。別称は「小者（しょうしゃ）」「若い衆（しゅう）」、勇ましい若者＝「健児（けんじ）」。

この言葉を	美しい日本語に！	言葉の成り立ち・意味など
十代～三十代の若者	青年	せいねん。同じ音でも「盛年」＝若く元気な年代、「成年」＝生物として充分に発達した年齢と、少しずつニュアンスが異なる。
美しい若い女性	花も恥じらう	はなもはじらう。「花でさえ、彼女の美しさに恥じらいを覚えるほど」。今が盛りの、美しい若い女性に対する形容。
残された人生が長い	春秋に富む	しゅんじゅうにとむ。「春秋」＝年月・年齢。逆に年老いて、残りの寿命が少ないときは、「春秋高（たか）し」。

老人

ろうじん。尊称に「老君（ろうくん）」、別称は「眉雪（びせつ）」、女性は「媼（おうな・おみな）」、男性は「翁（おう・おきな）」、田舎の老人は「野翁（やおう）」。

この言葉を	美しい日本語に！	言葉の成り立ち・意味など
人の好い御爺様	好々爺	こうこうや。やさしくて、善意にあふれた御爺ちゃん。
リタイアして悠々自適な御老人	御隠居様	ごいんきょさま。定年後、生計に関係ない仕事をすることは「隠居仕事」。ちなみに、テレビドラマ『水戸黄門（みとこうもん）』の御隠居様の英訳は、「master（マスター）」。
長寿を祝して	大椿	だいちゅん・だいちん。八千年を春、八千年を秋として、人間の三万二千年分が一年に換算される中国の伝説の大木。長寿を祝う言葉。

生死

せいし。「生」は中国語の「芽」と「土」が語源。土の中から芽が出ることが「生」。「死」は同じく中国語の「骨」と「人」から、人が骨になる＝「死」。

この言葉を 美しい日本語に！ 言葉の成り立ち・意味など

妊娠期間

十月十日

とつきとおか。かつて妊娠期間は、十カ月＋十日だとされていたことから。実際には、人間の妊娠期間は平均二百六十六日とされ、十月十日より短い。

子供を産む

身二つになる

みふたつになる。お腹の中にいた胎児が出生し、あらたな「人」となるため「二つ」。

誕生！

呱々の声をあげる

ここのこえをあげる。「呱々」＝産声のこと。「呱」＝赤子の泣く声。

短命

夭折

ようせつ。また、二十歳までに死ぬ＝「殤（しょう）」、七歳以下＝「無服（むふく＝父母はこのために服喪しない）の殤」と呼ぶ。

死亡

旅立つ

たびだつ。高貴な人は「隠（かく）れる」、仏教徒は「往生（おうじょう）」、キリスト教徒は「昇天（しょうてん）」、若者の戦死は「散華（さんげ）」。

死亡

はかなくなる

『源氏物語』の中にもみられる表現。この他、「徒（いたずら）になる」「不帰（ふき）の客となる」「仏になる」「土となる」など。

死者の魂を呼び戻す香

反魂香

はんごんこう。中国・漢の武帝（ぶてい）が、最愛の夫人の死後、恋しさが募り香をたいて、面影を見たという伝説のお香。

所帯を持つ

しょたいをもつ。「身に帯びているもの」=親元を離れ、一家をもって生計を営む=結婚する。よって「離婚」=「所帯崩（くず）し」。

この言葉を	美しい日本語に！	言葉の成り立ち・意味など
夫婦の誓いを交わす	二世を契る	にせをちぎる。親子の縁は「一世」、夫婦の縁は「二世」、主従の縁は「三世」といわれる。
結婚式	祝言	しゅうげん。文字どおり「祝い」の「言葉」がその語源。その他「華燭（かしょく=結婚式で灯す灯）の典（てん）」。
新婚旅行	蜜月旅行	みつげつりょこう。ハネムーン=「honey」=「蜜」、「moon」=「月」。蜜月=非常に仲の良いこと。また、「結婚して一カ月」=この期間内に新婚旅行に行くことから。

初めての里帰り

花帰り

はながえり。新婦が最初に実家に帰ること。結婚式の後、三日目か五日目のことが多かったとか。

残念ながら早々に破婚

帰り雛

かえりびな。離婚後、実家に帰ってきた若い娘。

仲良し夫婦

鴛鴦の契

えんおうのちぎり。「鴛鴦」＝「雄と雌のオシドリ」。しかし実際のオシドリは、毎年相手を変える鳥で、本当に一夫一婦制を守るのはハクトウワシなど猛禽類（もうきんるい）だとか。

老夫婦

共白髪

ともしらが。その他「偕老（かいろう）」「相老（あいおい）」など。

親子

おやこ。「親」＝「敬（うやま）うべき人」から。「子」はその類語に、「吾子（あこ＝自分の子）」「愛（あい）の結晶（けっしょう）」など。

この言葉を

美しい日本語に！

言葉の成り立ち・意味など

一人っ子

一粒種

ひとつぶだね。たった一人の、愛しい子供。ちなみに、初めて授かった子供は「初子（ういご・はつご）」。

大事に子供を育てる

乳母日傘

おんばひがさ。子供に乳母を付け、日傘をさし掛けながら育てる＝大事に育てる。こうして育った子供が成人すると「温室育（おんしつそだ）ち」となる。

「親馬鹿」も過ぎると…

子故の闇

こゆえのやみ。子供を溺愛するあまり、思慮分別にかけてしまう愚かな親。

遺児

忘れ形見

わすれがたみ。その他、出生前に親が死んでしまった子供のこともさす。

義理の親子

生さぬ仲

なさぬなか。文字どおり、自らが生んだわけではない子供との関係。小説家・柳川春葉（やながわしゅんよう）の同名作が、大正二年に劇化されたことから汎用されるように。

実の両親亡き後、親のように慕う

後の親

のちのおや。「まま親」とも。

実の親に代わって…

後懐

あとふところ。血の繋がった親に代わり、養（やしな）い親が子を慈しみ、育てること。

骨肉

こつにく。血の繋がった親子、兄弟のこと。「骨肉の争い」「骨肉の情（じょう）」など。

この言葉を	美しい日本語に！	言葉の成り立ち・意味など
血の繋がった兄弟	同胞	はらから。同じ母親から生まれた兄弟姉妹のこと。また、「同国の人」を示す場合もある。
一族郎党	眷属	けんぞく。血の繋がっている者たち。「眷」＝「身内」。
家族	内の人	うちのひと。一つ屋根の下で、自分とともに暮らす人。その他、妻が自らの夫を、他の人に言うときの呼び名。

いとこ違い

いとこの子供

いとこちがい。その他「父母のいとこ」＝「いとこおじ」「いとこおば」を示すことも。

九族

九代の親族

きゅうぞく。自分からみて、先祖・子孫の四代ずつ。すなわち高祖（こうそ）父母・曽（そう）祖父母・祖父母・父母・自分・子・孫・曽孫（ひまご）・玄孫（やしゃご）。

見えざる家族

インヴィジブルファミリー

みえざるかぞく。「invisible family（インヴィジブルファミリー）」。同居はしていないものの、経済的もしくは精神的に支えあう家族のこと。

義絶

肉親との縁を切る

ぎぜつ。親が子と縁を切る＝「勘当（かんどう）」、夫婦の縁を切る＝「離縁（りえん）」、そして、関わりを持たなくなる＝「没交渉（ぼつこうしょう）」。

生き様

いきざま。人として生きていくときの有様、状態のこと。対語は「死に様」。

この言葉を	美しい日本語に！	言葉の成り立ち・意味など
弱気を助け強きをくじく	男気	おとこぎ。男らしい性質のこと。「義侠心（ぎきょうしん）」とも。
淑やかで優しい気持ちに満ちて…	女気	おんなぎ。女性が生まれながらに備えているとされる、やわらかな性状。
何があっても「枯れない！」	雑草魂	ざっそうだましい。生まれは高貴でなくとも、努力と忍耐で運命を切り開いてきた中で得た、負けじ根性こそが宝物。

物好き

数寄者

すきしゃ。「風流を好む人」の意味も。「好事家（こうずか）」。「すきもの」となると、「好色家（こうしょくか）」の意に。

頑固！

一刻者

いっこくもの。「一刻」＝我儘（わがまま）で頑固。または、せっかちですぐ怒る人。「一国者」とも。

真面目

生一本

きいっぽん。「まったく混じりけの無いもの」との意味から、一つ事に打ち込み、突き進んでいく様子や人をさす。

孤高の人

一匹狼

いっぴきおおかみ。群れを離れて、一匹で生きていく狼＝組織のしがらみに縛られず、自らのみを頼みとして生きている人間。

第九章

胸の内の百面相

「喜怒哀楽」の四文字では収まらぬ

「百面相」＝寄席芸（よせげい）のひとつ。付け髭（ひげ）などの小道具を使って、多彩な表情を変えて見せること。

人の感情は多彩です。「喜怒哀楽」という言い方がありますが、この四つには入りきらない思いは、百やそこらではないでしょう。

「喜び」の一ジャンルに、「幸せ」があります。その幸せも、「目で味わう幸せ」、「子供がたくさんいて幸せ」「長生きできて幸せ」などなど、方向性はバラバラなのに、それぞれにちゃんと言葉があるのが日本語の面白さ。

もしかしたら世の中の傾向に合わせて、「自由な独身生活を満喫できて幸せ」、「ずっと大好きなゲーム三昧の暮らしができて幸せ」なんて言葉も、生まれてくるかもしれませんね。

喜ぶ

よろこぶ。「よろ」→「ゆれ」→揺れ動く。「こぶ」→「ほぐ」→「祝(ほ)ぐ」。感動・感激して心が動くことをいう。

この言葉を	美しい日本語に!	言葉の成り立ち・意味など
なんでも思うようになる!	我が世の春	わがよのはる。得意の絶頂、不満無し。平安貴族・藤原道長(ふじわらのみちなが)は、「望月(もちづき=満月)」にたとえた。
大得意!	有頂天	うちょうてん。喜びで天にも昇る気持ち。その他「何かに熱中しすぎて、他のことが見えない状態」の意味も。
心配事は無くなった!	日本晴れ	にほんばれ。一点の曇りなく、晴れ渡る空。まさにそのような状態の心=心配するようなことは何も無い!

見られて幸せ！

眼福

がんぷく。目の保養。美しい物、珍しい物が見られる喜び。

子沢山で幸せ！

子福

こぶく。たくさんの子供を得て、幸せな人は「子福者（こぶくしゃ）」。

長生きで幸せ！

寿福

じゅふく。「福寿（ふくじゅ）」とも。ちなみに、死後の幸福は「冥福（めいふく）」。

思いがけない幸せ！

狐福

きつねふく・きつねぶく。同義語は「僥倖（ぎょうこう）」。

怒る

おこる。中国の語源で「奴＝抑えきれない激情」＋「心」。どうしようもなくこみ上げてくる、烈火のごとくの怒り。

この言葉を	美しい日本語に！	言葉の成り立ち・意味など
美人の怒り！	柳眉を逆立てる	りゅうびをさかだてる。「柳眉」＝柳の葉のような、細くて美しい美人の眉毛。
燃えるような怒り　嫉妬妬み！	心火	しんか。この他、「幽霊や墓の周りに飛んでいる不気味な火」のことも。
御機嫌斜め	御冠	おかんむり。元は「冠を曲げる」＝「旋毛（つむじ）を曲げる」＝不機嫌。

悲しむ

かなしむ。諸説あるが、「愛（かな）し」＝強く心に迫るものによって、感情が高まり何もできない状態。「喜ぶ」の意味でも使った。

この言葉を｜美しい日本語に！｜言葉の成り立ち・意味など

涙で息も詰まるほど…

咽ぶ

むせぶ。「噎ぶ」とも書く。「哀咽（あいえつ）」＝悲しみで声を詰まらせる。「嗚咽（おえつ）」＝むせび泣く。「心咽（こころむ）す」＝胸が悲しみでいっぱいになる。

涙を流す女性…

紅涙を絞る

こうるいをしぼる。「紅涙」＝女性の涙。「血の涙」の意味も。

哀しくて泣き叫ぶ

慟哭

どうこく。「慟」「哭」いずれも「声を上げて泣く」を意味する。その他「慟」＝嘆く、「哭」＝泣き声。

楽しい

たのしい。「楽」は、木の枝に数個の鈴がついている象形。音楽を意味する文字から転じて、「楽しむ」の意味に。

この言葉を	美しい日本語に！	言葉の成り立ち・意味など
鼻歌交じりで！	るんるん	心が浮き立って、思わず鼻歌が出てしまうほど楽しい！ 林真理子著『ルンルンを買っておうちに帰ろう』でも有名。
心が弾む！	浮き浮き	うきうき。楽しくて楽しくて、落ち着いてなんていられない！
胸躍らせて…	わくわく	期待感や喜びで、胸が騒ぐ！ 古い時代では、「心配で胸騒ぎがする」ことに用いられた。

悩む

なやむ。「な＝萎える」＋「病む」。体が衰えてしまうほど、心が病んでいる。

この言葉を

美しい日本語に！

言葉の成り立ち・意味など

悩みに悩んで…

悶々

もんもん。「悶（もだえ）」＝「門＝囲い」の中で、心がつっかえて苦しい様子。

思いが錯綜《さくそう》して…

千々に乱れる

ちぢにみだれる。「千々」＝様々。変化に富んだ。色々な思いに駆られて、心の動揺が収まらない。

どうしたらいいか…

途方に暮れる

とほうにくれる。「途方」＝手段、手だて。「暮れる」＝悲しみや嘆きによって、冷静な判断ができない。

切ない…

せつない…。「切」+「ない（甚だしい）」。その字のとおり、心が引きちぎられるような思い。

この言葉を	美しい日本語に！	言葉の成り立ち・意味など
この思いどう晴らしたらいい？	遣る瀬ない	やるせない。「遣る瀬」=身を寄せられる場所=思いを晴らす方法。
楽しくもあり、悲しくもあり…	甘酸っぱい	あまずっぱい。「甘」=楽しい。「酸っぱい」=物悲しい。似た言葉に「ほろ苦い」など。
心がちぎれそうなほど思いを寄せて…	恋	こい。中国語源の「戀」=上と下に分解すると、上は「繋ぐ」の意+「心」。言葉で心を、糸のようにして繋ぐこと。

辛い

つらい。その語源は、「つれなし」＝「面なし」＝顔を合わせにくいこと。周囲の対応が無情であることを嘆く心情。

この言葉を

美しい日本語に！

言葉の成り立ち・意味など

まったく心休まらない場所で…

針の筵に座る

はりのむしろにすわる。「針の筵」＝針を植え付けた敷物。とても居心地が悪い。

誹謗中傷を浴びて…

後ろ指をさされる

うしろゆびをさされる。「後ろ指」＝正面切って、ではなく、後ろから指をさして悪口を言う＝本人の見えないところで悪口を言う、謗（そし）る。

苦労が多い人生で…

茨の道を行く

いばらのみちをゆく。「茨」＝刺の生えた植物。「荊（いばら）を負（お）う」＝自分を鞭打ってもらうための荊の杖（つえ）を背負う＝深く謝罪する。

強い！

つよい！ 縄文時代から使われている言葉。「突き方」の強さが、その語源。

この言葉を	美しい日本語に！	言葉の成り立ち・意味など
しぶとい！	強か	したたか。「健か」とも書く。ちょっとやそっとで諦めず、粘り強い。圧力をかけても、屈しない強靭（きょうじん）な精神。
「普通」では太刀打ちできない！	一筋縄ではいかない	ひとすじなわではいかない。「一筋縄」＝一本の縄→普通の方法・手段。
権力には屈しない！	反骨	はんこつ。時代の流れ、権威に阿（おもね）らない気骨（きこつ）。「気骨」＝自らの信念だけを頼りに、簡単に白旗を上げない強い心。「きぼね」と読むと、「気をつかう苦労」を意味する。例・気骨が折れる。

様々な思い

さまざまなおもい。「思い」の語源の一つは「重い」。重い物を抱えている心の状態。その他、「田(=仕事)」+「心」。つまり「心の仕事」。

この言葉を	美しい日本語に！	言葉の成り立ち・意味など
心が温かくなる感じ	仄々	ほのぼの。「仄か=ほんのちょっと」の「ほの」を繰り返した言葉。「夜明け頃」を意味することも。
まったく迷いなし	心の月	こころのつき。月の清らかさになぞらえて。「心月（しんげつ）」とも。元々の性状が清らかなときは、「自性（じしょう）の月」。
うまくいって満足！	悦に入る	えつにいる。「悦」=「心」+「兑(取り去る)」=わだかまりが取れた喜びを表している。

第十章

神仏・欧羅巴・昔々…

とにもかくにも。言葉の雑学

日本語の面白さのひとつには、一語一語にまつわるエピソードがあります。たとえば「その発祥には、どのような背景があったのか?」。特に興味深い、「歌舞伎や舞など、芸能にまつわるもの」、そして「神仏がベースになったもの」を取り上げました。

また海外に根のある言葉も、少なくありません。「これはきっと、中国でしょう?」と思いきや、実は英語圏のもの！　かたや、日本の古いことわざに見えるのに、フランスの詩から取り出されたフレーズも。もちろん、中国からやってきた言葉も数限りなくあります。

そして、忘れてはならないのが、歴史を経て未だ残る先人たちからの教え。時にその言葉は、あなたを一歩前進させる力になることでしょう。

芸能文化が生んだ

げいのうぶんかがうんだ。「芸能」＝元は「芸術」と同義語。そこから、体を使って表現することを意味するように。「文化」＝「文明」＋「開化」が語源。

この言葉を	美しい日本語に！	言葉の成り立ち・意味など
感動！	琴線に触れる	きんせんにふれる。「琴線」＝琴の糸→感動しやすい心のたとえ。素晴らしいものに接して、心が震えること。
自然な態度	外連味のない	けれんみのない。「外連」＝歌舞伎や芝居の用語。客受けするわざとらしい表現。
洒落てるねえ～	乙	おつ。邦楽において、渋く低い音のこと。「乙」より一段高い音は、「甲（かん）」と言う。

人生最高の時

花道

はなみち。歌舞伎の劇場の、客席を貫いて舞台につながる通路。役者の見せ場となることが多く、「華々しい様子」をさすように。

いるだけの人

並び大名

ならびだいみょう。ただ参加しているだけの、まったく重要ではない人物のこと。歌舞伎において大名の扮装をし、ただ並んでいるだけの役や、その役者をそういうことから。

晴れ舞台

檜舞台

ひのきぶたい。一流の劇場は、檜の床張りだったことから、自らの力を示す、晴れの舞台を言うように。

ビッグマウス

大見得を切る

おおみえをきる。「大見得」＝歌舞伎で役者が行う「見得」の所作。そこから「大袈裟（おおげさ）な態度・言葉遣い」の意味に。

神仏に端を発する

しんぶつにたんをはっする。「端」＝物事の始まり・糸口。「発する」→中国語の「發」＝足を踏ん張る十弓を射る。

この言葉を　美しい日本語に！　言葉の成り立ち・意味など

この言葉を	美しい日本語に！	言葉の成り立ち・意味など
感じがいい！	愛敬	あいきょう。仏教においては「あいぎょう」。「愛敬の相（そう）」＝阿弥陀如来（あみだにょらい）や地蔵菩薩（じぞうぼさつ）のように、慈愛を湛えた表情。
神様よろしくお願いします	かしこみかしこみ	心から神様をあがめながら、「かしこまって、かしこまって」。その気持ちをまずは表明したのち、願い事を申し上げるというのが、神への語り掛ける際の順番。
元気	息災	そくさい。仏教用語で、「神仏の力で人々の災難をなくすこと」をさす。「無病（むびょう）息災」など。

神髄

醍醐味

だいごみ。仏教用語で、牛や羊の乳を精製する際の五味（五段階の味）の一つ。究極の味とされる。今でいうヨーグルト味？　そこから転じて「神髄」に。

僧が修行で各地を巡る

行脚

あんぎゃ。他に「遊行（ゆぎょう）」など。歩いて回ることの意味も。「御詫（おわ）び行脚」など。

大変だ！

南無三

なむさん。救いを求める言葉、「南無三宝（なむさんぼう）」の略。「三宝」＝仏、法、僧のこと。

適切に判断して処理する力

知恵

ちえ。仏教用語では「智慧」＝煩悩を取り去って、悟りを開く心の力。「般若（はんにゃ）」とも。

にこやかに笑う

相好を崩す

そうごうをくずす。元は「相好」＝仏の体の特徴、三十二の「相」と八十種の「好」の総称。今は仏以外にも用いられ、顔つきや表情の意に。

炎の色

紅蓮

ぐれん。「紅蓮華（ぐれんげ）」＝真っ赤な蓮の花。「紅蓮の炎（ほのお）」＝激しく燃える炎。

短い時間

刹那

せつな。仏教用語で、時間の最小単位。指を一度はじく間に、六十五刹那あるとされる。

夢の中で神仏のお告げが…

御夢想

ごむそう。「夢想」＝とりとめなく思うこと・夢の中で思うこと。「夢想家（か）」＝できもしないことばかり考える人。

遠く欧羅巴の地から…

とおくよーろっぱのちから…。「ヨーロッパ」＝ギリシャ神話に登場する姫・エウロペが語源。最高神ゼウスが変身した白牛にまたがったとたん連れ去られ、ヨーロッパじゅうを駆け巡ったことから。

この言葉を	美しい日本語に！	言葉の成り立ち・意味など
意外に期待外れ…	大山（泰山）鳴動して鼠一匹	たいざんめいどうしてねずみいっぴき。元々、ラテン語の「Parturiunt montes, nascetur ridiculus mus.（山々が産気づき、こっけいなハツカネズミが一匹生まれる）」から。
歓談中ふと訪れる沈黙	天使が通る	てんしがとおる。フランス語の「Un ange passe」から。座がシーンとなる、ちょっとした沈黙をさす。
恋心で理性を失う	恋は盲目	こいはもうもく。英語のことわざ「Love is blind」から。日本語表現では、「恋は闇（やみ）」など。

幸せは実は身近に

青い鳥

あおいとり。ベルギーの作家・メーテルリンクの戯曲『青い鳥』から。幸福の青い鳥を探しに出かけた兄と妹が、青い鳥を見つけたのは家の中だった。

自分が望むことを人にもなさい

黄金律

おうごんりつ。英語の「golden rule」から。イエス・キリストが言ったとされる「全て人にせられんと思うことは、人にもまたそのごとくせよ」より。

手間は一度で利益は倍増

一石二鳥

いっせきにちょう。英語のことわざ「Kill two birds with one stone」＝一個の石で二羽の鳥を捕獲する。

他人より親子兄弟!

血は水よりも濃い

ちはみずよりもこい。日本的表現のようだが、実は西洋のことわざ「Blood is thicker than water」の和訳と言われている。

誰かのために危険をおかす

火中の栗を拾う

かちゅうのくりをひろう。フランスの詩人・ラ・フォンテーヌの『寓話』の、猿におだてられ、囲炉（いろり）の中の栗を拾って大やけどをする猫の話から。

手にしたものは楽園を追われる

禁断の果実

きんだんのかじつ。「forbidden fruit」、旧約聖書の『創世記』をもとにした言葉。手にすべきではない、だからこそ得たいと思うもののたとえ。

保守派

右翼

うよく。時はフランス革命。国民議会で、保守派のジロンド党は、議長から見て右手の席にいたことから。逆に急進派のジャコバン党は左側の席で、「左翼（さよく）」と称されるように。

やがて幸福が訪れる

冬来たりなば春遠からじ

ふゆきたりなばはるとおからじ。英国の詩人・シェリーの詩の一節「If winter comes, can spring be far behind?」の日本語訳。この名訳を残した人物は、特定されていない。

漢字の生まれた国から

かんじのうまれたくにから。「漢字」＝古代中国で生まれた文字。日本の常用漢字は、二〇一〇年に改定されて二千百三十六字。漢字の総数は、五万とも十万以上ともいわれ、正確な数字は不明。

この言葉を / 美しい日本語に！ / 言葉の成り立ち・意味など

この言葉を	美しい日本語に！	言葉の成り立ち・意味など
参考書 秘伝	虎の巻	とらのまき。古代中国の兵法書『六韜（りくとう）』のなかの「虎韜（ことう＝危機的状況でも、相手を恐れないための方法を教えた巻）」から。
全体で最も優れた部分	圧巻	あっかん。×圧観。「巻」＝その昔、中国の官吏登用試験で使われた答案用紙。最も優秀な答案用紙を一番上に置き、他を圧倒したという故事から。
忠言耳に逆らう	良薬は口に苦し	りょうやくはくちににがし。儒教（じゅきょう）の祖・孔子（こうし）の言葉で、「良薬は口に苦けれども病に利あり。忠言は耳に逆らえども行いに利あり」から。

釣り好きな人

太公望

たいこうぼう。中国の周時代の政治家・呂尚（りょしょう）の別名。文王に召されるまでは、毎日毎日釣りをしていたと言われることから。

難関

登竜門

とうりゅうもん。「竜門」＝黄河（こうが）上流の難所。鯉がここを登ると、やがて竜になるという伝説から、立身出世をするための試練・厳しい試験を意味するように。

ユートピア

桃源郷

とうげんきょう。陶淵明（とうえんめい・四〜五世紀の中国の詩人）の『桃花源記（とうかげんき）』に出てくる、桃林に囲まれた争いの無い豊かな世界。

離婚

破鏡

はきょう。中国「神異経」の故事より。遠く離れて暮らすことになった夫婦は、鏡を半分に割って愛の証として持っていたが、妻が密通。妻が持つ半分の鏡はカササギとなって夫の所へ向かい、不義が明らかになり離縁に。

古人の教え

こじんのおしえ。「古人」＝昔の人。「教え」↓「教える」＝諸説あるが、「を（愛）し」＋「ふ」＝大事にして育てる。

この言葉を

美しい日本語に！

言葉の成り立ち・意味など

織田信長曰く

絶対は絶対にない

ぜったいはぜったいにない。「絶対」＝「絶（絶える）」＋「対（対立するもの）」＝対立するものがない状態。

野口英世曰く

努力だ。勉強だ。それが天才だ

どりょくだ。べんきょうだ。それがてんさいだ。「努力」＝「努める」＋「力」。「勉強」＝「勉める」＋「強いる」。「天才」＝「天が与えた」＋「生まれつきの才能」。

吉田松陰曰く

夢なき者に成功なし

ゆめなきものにせいこうなし。「夢なき者に理想なし、理想なき者に計画なし、計画なき者に実行なし、実行なき者に成功なし。ゆえに」に続く言葉。

人生訓

じんせいくん。「人生」＝人の一生。「訓」＝教え。「人生訓」の中でも、特に「自らの励まし、戒（いまし）めとしている文言」を「座右（ざゆう）の銘（めい）」という。

この言葉を | 美しい日本語に！ | 言葉の成り立ち・意味など

いつまでもクヨクヨしないで
諦めは心の養生
あきらめはこころのようじょう。「養生」＝健康増進、病気平癒に努める。

命がけで事に当たる
一所懸命
いっしょけんめい。「一所」＝主君から頂いた領地。「懸命」＝「命」を「懸（か）」ける。「一つのことに集中する」ことは「一心不乱（いっしんふらん）」。

栄華儚し…
一炊の夢
いっすいのゆめ。「邯鄲（かんたん）の枕（まくら）」＝邯鄲（＝都市名）で枕を借りて眠った青年は、栄華を極めた人生を送る夢を見たが、目覚めてみれば、まだ粟の粥も炊き上がらないほどの短時間だったことから。

継続こそ力なり

倦まず弛まず

うまずたゆまず。「倦む」＝飽きて、持て余す。「弛む」＝油断する。怠ける。「飽きて投げ出したり、気を緩めることのないように」の意。

「最初の決心」を大切に

初心

しょしん。「アップル」の創業者、スティーブ・ジョブズは、「Beginner's mind」として、この言葉を素晴らしいと評した。

人の振りみて我が振り直せ

人こそ人の鏡

ひとこそひとのかがみ。中国の古典『五経（ごきょう）』の一つ『書経（しょきょう）』に書かれた教えから。

無言の美徳

言わぬが花

いわぬがはな。「何でもしゃべればいいってものじゃない。口に出さないことも大切」との教え。

昔々…

むかしむかし…。「昔」を強調するため重ねた言葉。昔話の始まりの文句でも御馴染（おなじ）み。「昔」＝「向か」＋「し」＝人を過去の方向に向かせる。

この言葉を	美しい日本語に！	言葉の成り立ち・意味など
将軍様	上様	うえさま。「上＝高貴」＋「様」。かつては将軍や天皇を称した。現在は、領収書の宛名に、相手の名字の代わりに書く言葉に。
いい加減な	等閑	なおざり・とうかん。「蔑（ないがし）ろ」とも。『源氏物語』の時代からの言葉で、「だらしない」の意味も。
江戸時代のニュースメディア	瓦版	かわらばん。「読売（よみうり）」とも。粘土に絵や文字を彫刻、それを焼いた瓦を印刷の「版」とした印刷物。しかし、現存するものは木版。

江戸版イケメン

鯔背

いなせ。江戸時代、魚河岸の若者が「鯔背銀杏（いなせいちょう）」と呼ばれる髪形をしていたことから。勇み肌のカッコいい青年をさすように。

大判・小判

山吹色

やまぶきいろ。江戸時代の通貨であった大判や小判が金色＝山吹色をしていたことから。

会議は踊るされど進まず

小田原評定

おだわらひょうじょう。豊臣秀吉の小田原征伐がなかなか決まらなかった史実から。長時間に渡る会議なのに結論が出ない＝日本版「会議は踊る」。

強者

兵強者

つわもの。「つわ（固い・強い）」＋「物」。最強戦士のこと。元は、戦道具や武術などの意味もあったそう。

最初

いの一番

いのいちばん。「い」＝「いろはにほへと」の「い」＝最初、真っ先。

シャッター商店街が自宅

仕舞屋

しもたや。商売をやめた家→「仕舞屋（しもうたや）」が変化。

女性を論評

雨夜の品定め

あまよのしなさだめ。『源氏物語』帚木（ははきぎ）の巻の、光源氏と友人たちによる女性を品評する場面から、「人物を品評する」ことを意味。「月旦評（げったんひょう）」とも。

すでに無人

蛻けの殻

もぬけのから。「裳抜けの殻」とも書く。「裳」＋「抜け殻」。蛇や蝉の抜け殻が語源に。

世界一!

三国一

さんごくいち。室町時代の流行語。日本・唐土(もろこし)・天竺(てんじく)の三国、つまり当時の世界じゅうで一番!

世間の予想や評判

下馬評

げばひょう。「下馬」=馬から降りる。城門や寺社前で、主を馬とともに待っていたおつきの者の噂話から。

台所仕事

おさんどん

元々は、台所仕事をする女性使用人をさしたのだとか。

どうしようもない

是非に及ばず

ぜひにおよばず。もはや議論・検討の段階にあらず。織田信長が、明智光秀謀反の知らせを聞いて、発した言葉。

どうぞお元気で…

御達者で

おたっしゃで。「達」＝上達・熟練。「物事の達人」というのが、そもそもの意味だったが、中世より健康に関する言葉にも使用。

とってもいい！

すてき

元は江戸時代の言葉で、「甚だしい」「非常に」という意。「素的」「素敵」は当て字。

遊女の歩き方

八文字

はちもんじ。昔の遊女が、足で八の字を描きながら歩いたことから。

離婚届

三下り半

みくだりはん。江戸時代の離縁状（りえんじょう）。「去状（さりじょう）」「暇状（いとまじょう）」とも。字が書けない人は、三本の線＋半分の長さの線を一本書くことで、離縁状と同等となったことから。

付録

あれはこれ、これはあれ

「あれ」＝「あ（彼）」＋「れ（事物）」＝遠称（えんしょう＝指示代名詞の「あ」に当たるさし方）＝相手にとって遠いものを示す。「これ」→「こ」＝近称（きんしょう）→相手にとって近いものを示す。

この言葉を	美しい日本語に！	言葉の成り立ち・意味など
遊び暮らす人	遊民	ゆうみん。江戸時代の職業分類に出ており、日本初のプロ作家・十返舎一九（じっぺんしゃいっく）も「遊民」とされていた。
有り得ないこと	絵空事	えそらごと。見たままを描くのではなく、誇張して表現することから。鎌倉時代の『古今著聞集（ここんちょもんじゅう）』にもみられる古い表現。
大きな恵み	雨露	うろ。雨露＝雨と露。よくある現象でありながら、地上のあらゆるものを潤す地球サイズの大恩。

お酒も甘いものも好き

雨風

あめかぜ。江戸末期の上方落語に由来。他に「両刀使い（りょうとうづかい）」など。

幼馴染（男女）

筒井筒

つついづつ。『伊勢物語』二十三段より。筒井筒（井戸の周囲の枠）の周りで遊んだ幼馴染の男女が、のちに結婚する物語。

改善したのにまた元通り…

元の木阿弥

もとのもくあみ。戦国時代の武将が亡くなった際、声の似ていた木阿弥を影武者（かげむしゃ）に。数年後、武将の死を公表し、木阿弥は再び元の身分に戻ったとの故事より。

限りなく小さい

無限小

むげんしょう。「無限大（限りなく大きい）」の反対語。

手紙を出したいと思う

消息がる

しょうそこがる。『源氏物語』にもある表現。「消息子（しょうそくし）」＝耳かき。「消息通（しょうそくつう）」＝ある事情に詳しい人。

亡き人を思うと悲しくて…

哀傷

あいしょう。「哀号（あいごう）」＝人の死を悲しんで、泣き叫ぶ。「哀毀（あいき）」＝父母などが亡くなり、悲しみのあまりやせ細る。

投げたコイン裏か表か！

緡面形

なめかた。銭を投げて、裏が出るか表が出るかを言いあてて する賭博。

夏でも涼しい木陰

青葉闇

あおばやみ。木が茂ってその木陰が暗いこと。「木（こ）の下闇（したやみ）」とも。

忍耐力抜群

腰強

こしづよ。逆に、物事をやり通す精神力のないことは「腰弱（こしよわ）」＝意気地なし。

平和を祈る声

千歳の声

ちとせのこえ。その他「千年の長寿を祈る声」の意も。

頬をバラ色に染めた美少女

赤ら乙女

あからおとめ。「赤ら」＝酒の別称でも。「赤ら顔」＝日光や酒で焼けた顔。

実を結ばず散る花

徒花

あだばな。「無駄花（むだばな）」とも。「徒」＝役に立たない。その他、「季節外れに咲く花」「すぐ散ってしまう桜の花」の意も。

名案が浮かばない…

思案投げ首

しあんなげくび。考えても考えても、よいアイデアが浮かばず、首を傾けている様子。

…もう！ 目が覚めちゃったじゃない！

夜聡

よざと。夜寝ていても、物音などですぐ目が覚める様子。「夜聡い」＝夜、目を覚ましやすいこと＝「目聡（めざと）い」とも。

リタイア後は故郷に

帰去来

ききょらい。中国、六朝（りくちょう）時代の詩人・陶淵明の『帰去来辞（ききょらいのじ）』から。

料理屋の入口の盛塩

塩花

しおばな。「盛塩（もりしお）」とも。その他、「白波（しらなみ）」や「不浄を清めるためにまく塩」の意が。

二つ名

ふたつな。本来の名前以外の呼び方。「異名（いみょう）」「別名（べつめい）」「別称（べっしょう）」、また「あだ名」の意味も。

この言葉を	美しい日本語に！	言葉の成り立ち・意味など
アマモ	竜宮の乙姫の元結の切外し	りゅうぐうのおとひめのもとゆいのきりはずし。海草のアマモの別名は、最も長い植物の和名と言われている。
鯉	六六鱗	ろくろくりん。鯉の鱗は、一筋に三十六枚並んでいることから。「六々魚（りくりくぎょ）」とも。その他、カタツムリ＝舞舞（まいまい）、アーモンド＝扁桃（へんとう）。
酒	万八	まんぱち。江戸時代、柳橋の貸座敷「万屋八郎兵衛」、通称「万八」で行われた酒合戦から。その他「忘憂（ぼうゆう）の物（もの）」、辛口の酒を「鬼殺（おにごろ）し」など多数。

親友

心友

しんゆう。同じ気持ちを持つ友。「知音（ちいん）」「知己（ちき）」とも。

氷柱

銀竹

ぎんちく。その他「懸氷（けんぴょう）」「垂氷（たるひ）」など。

日本

言霊の幸ふ国

ことだまのさきわうくに。言葉の霊力によって、幸福がもたらされる国のこと。この他「秋津（あきつ＝赤とんぼ）島」「心安（うらやす）の国」。

琵琶湖

潮ならぬ海

しおならぬうみ。「淡水湖」の意味だが、主に「琵琶湖」をさす。その他「淡海・近江（おうみ）の海」など。

面白い日本語

おもしろいにほんご。「面白い」＝「面（表情）」＋「白い＝明るい」。当て字に思われがちだが、語源に基づいた表記。

この言葉を	美しい日本語に！	言葉の成り立ち・意味など
櫛屋	十三元屋	じゅうさんげんや。「九＋四＝十三」となることから、櫛屋のことをこう呼んだ。
御商売益々繁盛	一斗二升五合	ごしょうばいますますはんじょう。一斗＝十升→五升の倍→ご（五）商売（升倍）→「ごしょうばい」。二升＝升（ます）が二つ→「ますます」。五合＝一升の半分→半升（はんじょう）→「はんじょう」。
すんごく！	超弩級	ちょうどきゅう。「弩（ど）」＝一九〇六年に建造された戦艦「Dreadnought（ドレッドノート＝怖いもの知らず）」の頭文字に当てた漢字。「弩級」＝巨大な等級。「超」を加えて、「巨大な等級のさらに上」。

仲良し二人組

御神酒徳利

おみきどっくり。神前に供える一対の徳利。そこから、「同じ格好をした友人同士」「いつも行動を共にする二人」などの意が。

配慮する

心を用いる

こころをもちいる。色々と気配りする。注意する。「心を」に続き、「致す」＝真心を込める、「起こす」＝発奮する、「遣（や）る」＝気晴らしをする。

びっくり！

魂消る

たまげる。「魂＝心の働き」＋「消える」。同義語に「肝（きも）を潰（つぶ）す」「腰（こし）を抜（ぬ）かす」など。

もうだめだ…

嘆きの霧

なげきのきり。溜息によってできる霧。その他「雲霧（うんむ）」＝心のわだかまり、「霧（き）る」＝涙で霞んで見えない、「黒い霧」＝犯罪や不正が隠れているたとえ。

取り違え

とりちがえ。間違って理解する＝誤解。取り違えたまま使用することは「誤用」。

この言葉を	美しい日本語に！	言葉の成り立ち・意味など
偉業達成！	破天荒	はてんこう。「大胆・豪快」を表現するための使用は、本来の意味からは異なる。
上は上に下は下に	天地無用	てんちむよう。「ひっくり返してはいけない」と、荷物に付ける注意書き。「天地」＝上下、「無用」＝禁止。
上手く進んでます	流れに棹さす	ながれにさおさす。時流（じりゅう）に乗る＝その方向に勢いを増す。「逆らって、勢いをそぐ」の意味は間違い。

おかしくておかしくて！

噴飯もの

ふんぱんもの。「怒り心頭に発する（×達する）」の意味は誤用。食べていた飯を吹き出すほど面白いこと。

予定通りに進む

首尾よく

しゅびよく。「守備よく」は誤表記。同じく間違えやすいものに×濡れ手で泡→○濡れ手で粟（あわ）、×右へ習え→○右へ倣（なら）え、×青田刈り→○青田買いなど。

気兼ねなし！

気の置けない

きのおけない。「気配りや遠慮が必要な」という理解は真逆。しかし、使用例に約半分の誤用が見られるとの調査結果も。

結局は自分のため

情けは人の為ならず

なさけはひとのためならず。「情けをかけても、その人のためにならない」ではなく、「情けをかけるということは、巡り巡って自分のため」が正しい意味。

信念に基づいて行動（犯罪含む）

確信犯

かくしんはん。「悪いとわかっていて行う」の意は間違い。

前世からの因縁

袖振り合うも他生の縁

そでふりあうもたしょうのえん。＝前世からの因縁。「この出会いを大事にしよう」というナンパ系な誤用は、「他生」を「多少」と勘違いしたことから？

当然

須らく

すべからく。「本来ならば」「なすべきこと」の意であるが、「みんな」「全て」とする誤用が多い。

「どくだんじょう」ではなく…

独擅場

どくせんじょう。誤って「独壇場（どくだんじょう）」ともいう。その他、間違いやすい読みに、×初孫（はつまご）→○ういまご、×凡例（ぼんれい）→○はんれい、×生蕎麦（なまそば）→○きそばなど。

話し合いはもう充分結論が出そう！

煮詰まる

につまる。よく使われる「話し合いが行き詰まり、結論が出せない状態」は間違い。

本質をとらえた

穿った

うがった。よって「穿った見方」＝よくよく考えられた、的を射た見方。「疑ってかかる」の意味は、「疑う」と音が似ていることからの誤用といわれる。

少しずつ片づける

済し崩し

なしくずし。この他「徐々に物事を行う」。「うやむやにする」「曖昧（あいまい）にする」などの意味は誤用。「前向きに済し崩しにする」は◎。

喜んで致します！

吝かではない

やぶさかではない。「吝か」＝気乗りしない、あまりやりたくない。「吝かではない」＝「気乗りしない」ではない＝喜んで致します。

寄る辺ない　よるべない　109
喜ぶ　よろこぶ　139
慶雲　よろこぶぐも　81
喜んで　よろこんで　22
宜しい　よろしい　39
世渡り　よわたり　44

ら

雷鳴　らいめい　92

り

離縁　りえん　134
六々魚　りくりくぎょ　175
六花　りっか　66
立夏　りっか　68
竜宮の乙姫の元結の切外し
りゅうぐうのおとひめのもとゆいのきりはずし　175
柳眉を逆立てる
りゅうびをさかだてる　141
両刀使い　りょうとうづかい　171
良薬は口に苦し
りょうやくはくちににがし　159
霖雨の候　りんうのこう　68

る

るんるん　るんるん　143

れ

麗色　れいしょく　93
麗人　れいじん　58
麗筆　れいひつ　57
黎明　れいめい　71

ろ

老君　ろうくん　126
老人　ろうじん　126
臈長ける　ろうたける　117
老練家　ろうれんか　48
六六鱗　ろくろくりん　175
六花　ろっか　66

わ

若い衆　わかいしゅう　125
我儘雨　わがままあめ　83
若者　わかもの　125
若者言葉　わかものことば　38
我が世の春　わがよのはる　139
わくわく　わくわく　143
和語　わご　33
患い　わずらい　37
忘れ形見　わすれがたみ　132
勿忘草　わすれなぐさ　76
私雨　わたくしあめ　83
渡らい心　わたらいごころ　44
和風　わふう　86
腕白　わんぱく　124

物言う花　ものいうはな　58
物言えば唇寒し秋の風
ものいえばくちびるさむしあきのかぜ　115
百千鳥　ももちどり　63
最合う・催合う　もやう　47
盛塩　もりしお　174
悶々　もんもん　144

や

野翁　やおう　126
役者冥利　やくしゃみょうり　20
八雲の道　やくものみち　81
優形　やさがた　58
痩せぎす　やせぎす　58
吝かではない　やぶさかではない　182
野暮　やぼ　119
野暮ったい　やぼったい　118
大和　やまと　99
大和言葉　やまとことば　33
山眠る　やまねむる　66
山吹色　やまぶきいろ　165
山懐　やまふところ　92
遣らずの雨・不遣の雨
やらずのあめ　84
遣る瀬ない　やるせない　145
やんちゃ　やんちゃ　124

ゆ

夕立雲　ゆうだちぐも　80
遊蕩児　ゆうとうじ　41
遊民　ゆうみん　170
雪　ゆき　87
雪の曙　ゆきのあけぼの　109
雪の友　ゆきのとも　87
雪待月　ゆきまちづき　70
遊行　ゆぎょう　154
ゆく夏を惜しむように
ゆくなつをおしむように　69
山桜桃　ゆすらうめ　76
譲葉　ゆずりは　76
指切拳万針千本飲ます
ゆびきりげんまんはりせんぼんのます　116
夢なき者に成功なし
ゆめなきものにせいこうなし　161
夢の浮橋　ゆめのうきはし　110
夢のわだ　ゆめのわだ　102

よ

よい御湿りで　よいおしめりで　26
ようこそ　ようこそ　27
夭折　ようせつ　128
欧羅巴　よーろっぱ　156
夜聡　よざと　174
夜鍋　よなべ　45
読売　よみうり　164
嫁が君　よめがきみ　70

身綺麗　みぎれい　56
汀優り　みぎわまさり　54
三下り半　みくだりはん　168
短夜　みじかよ　64
身過ぎ世過ぎ　みすぎよすぎ　45
水茎　みずぐき　57
水臭い　みずくさい　24
水仕事　みずしごと　45
瑞穂の国　みずほのくに　100
密か事　みそかごと　37
身嗜み　みだしなみ　118
蜜月旅行　みつげつりょこう　129
密事　みつじ　37
密通　みっつう　37
緑の黒髪　みどりのくろかみ　59
男女川　みなのがわ　101
身に入む　みにしむ　65
身二つになる　みふたつになる　127
耳を疑う　みみをうたがう　38
雅やか　みやびやか　107
冥利　みょうり　20
身を知る雨　みをしるあめ　84

む

昔々　むかしむかし　164
葎の宿　むぐらのやど　53
無限小　むげんしょう　171
無常の風　むじょうのかぜ　110
咽ぶ・噎ぶ　むせぶ　142
夢想家　むそうか　155
無駄花　むだばな　173
六つの花　むつのはな　87
無病息災　むびょうそくさい　153
無服の殤　むふくのしょう　128
無明の闇　むみょうのやみ　110

め

命根　めいこん　35
冥福　めいふく　140
粧し込む　めかしこむ　117
粧し屋　めかしや　117
目聡い　めざとい　174
めでたしめでたし
めでたしめでたし　26
女時　めどき　74
面喰う　めんくらう　38

も

申し子　もうしご　124
虎落笛　もがりぶえ　86
望月　もちづき　139
勿論です　もちろんです　22
持て成し　もてなし　27
元の木阿弥　もとのもくあみ　171
蛻けの殻・裳抜けの殻
もぬけのから　166

二つ名　ふたつな　175
払暁　ふつぎょう　71
不変　ふへん　73
冬来たりなば春遠からじ
ふゆきたりなばはるとおからじ　158
古兵・古強者　ふるつわもの　48
文化　ぶんか　151
噴飯もの　ふんぱんもの　180

へ

碧空　へきくう　79
別天地　べってんち　98
別嬪　べっぴん　58
諂う　へつらう　53
扁桃　へんとう　175

ほ

放蕩者　ほうとうもの　41
忘備録　ぼうびろく　48
蓬門　ほうもん　53
忘憂の物　ぼうゆうのもの　175
鬼灯　ほおずき　76
星　ほし　88
星月夜　ほしづくよ　88
星の嫁入り　ほしのよめいり　89
星を戴く　ほしをいただく　43
没交渉　ぼつこうしょう　134
骨折り　ほねおり　36
骨折り損　ほねおりぞん　36
骨皮筋右衛門
ほねかわすじえもん　58
仄仄　ほのぼの　148

ま

舞舞　まいまい　175
賄い　まかない　45
真心　まごころ　34
松の内の賑わいも過ぎ
まつのうちのにぎわいもすぎ　67
松の葉　まつのは　36
微睡む　まどろむ　106
幻　まぼろし　108
幻の世　まぼろしのよ　108
まほろば　まほろば　100
まま親　ままおや　132
守り本尊　まもりほんぞん　112
丸天井　まるてんじょう　79
曼珠沙華　まんじゅしゃげ　69
まんじりともせず　まんじりともせず　38
万八　まんぱち　175

み

実入り　みいり　44
見えざる家族　みえざるかぞく　134
右へ倣え　みぎへならえ　180
砌　みぎり　67

花も実もある　はなもみもある　54
破魔　はま　112
破魔矢　はまや　112
同胞　はらから　133
針仕事　はりしごと　45
針の筵に座る
はりのむしろにすわる　146
春炬燵　はるごたつ　69
春待月　はるまちづき　70
万古　ばんこ　73
馬齢　ばれい　53
蛮カラ　ばんから　120
反骨　はんこつ　147
反魂香　はんごんこう　128
半ドン　はんどん　72
般若　はんにゃ　154
万緑　ばんりょく　64
凡例　はんれい　181

ひ

美意識　びいしき　119
日出ずる国　ひいずるくに　99
彼岸花が咲き乱れる頃
ひがんばながさきみだれるころ　69
眉月　びげつ　91
退け時　ひけどき　72
柄杓星　ひしゃくぼし　89
美人　びじん　58
眉雪　びせつ　126
密か事　ひそかごと　37
直向き　ひたむき　33
人こそ人の鏡
ひとこそひとのかがみ　163
一筋縄ではいかない
ひとすじなわではいかない　147
一粒種　ひとつぶだね　131
火点し頃　ひとぼしごろ　72
一先ず　ひとまず　40
檜舞台　ひのきぶたい　152
日の本　ひのもと　100
備忘録　びぼうろく　48
冷や汗　ひやあせ　42
風信子　ひやしんす　76
百鬼夜行
ひゃっきやこう・ひゃっきやぎょう　111
氷輪　ひょうりん　91
昼　ひる　72

ふ

風月　ふうげつ　93
風光明媚　ふうこうめいび　97
不香の花　ふきょうのはな　87
福寿　ふくじゅ　140
腹蔵無い　ふくぞうない　56
不思議　ふしぎ　111
二つ返事　ふたつへんじ　39

ならぬ堪忍するが堪忍
ならぬかんにんするがかんにん　*115*
並び大名　ならびだいみょう　*152*
生業　なりわい　*43*
鳴雷月　なるかみづき　*70*

に

匂いやか　におい やか　*107*
逃げ水　にげみず　*63*
二重身　にじゅうしん　*113*
二世を契る　にせをちぎる　*129*
日曜画家　にちようがか　*60*
日本　にっぽん(にほん)　*99*
煮詰まる　につまる　*182*
日本晴れ　にほんばれ　*139*

ぬ

盗人雨　ぬすびとあめ　*82*
盗風　ぬすみかぜ　*82*
濡れ手で粟　ぬれてであわ　*180*

ね

禰宜　ねぎ　*23*
合歓木　ねむのき　*76*

の

退き潮　のきしお　*74*
後の親　のちのおや　*132*

は

ハイカラ　はいから　*120*
敗色　はいしょく　*35*
栄え　はえ　*36*
儚い・果無い　はかない　*108*
はかなくなる　はかなくなる　*128*
破鏡　はきょう　*160*
育む　はぐくむ　*33*
白砂青松
はくしゃせいしょう・はくさせいしょう　*98*
麦秋　ばくしゅう　*64*
拍手喝采　はくしゅかっさい　*54*
瀑声　ばくせい　*92*
白魔　はくま　*66*
鉢合わせ　はちあわせ　*39*
八文字　はちもんじ　*168*
初子　はつご　*131*
破天荒　はてんこう　*179*
花帰り　はながえり　*130*
花便りも伝わるこの頃
はなだよりもつたわるこのごろ　*68*
花散らしの雨　はなちらしのあめ　*84*
花の窟　はなのいわや　*102*
華々しい　はなばなしい　*54*
花火星　はなびぼし　*89*
花道　はなみち　*152*
花も恥じらう　はなもはじらう　*125*

天花　てんか　66
天使が通る　てんしがとおる　156
天使の囁き　てんしのささやき　94
天地無用　てんちむよう　179

と

どう致しまして　どういたしまして　24
等閑　とうかん　164
桃源郷　とうげんきょう　160
慟哭　どうこく　142
踏青　とうせい　63
満天星　どうだんつつじ　76
登竜門　とうりゅうもん　160
不通風　とおせんぼう　86
時　とき　71
度肝を抜かれる　どぎもをぬかれる　38
独擅場　どくせんじょう　181
怒号　どごう　92
永久　とこしえ　73
渡世　とせい　44
とつおいつ　とつおいつ　106
十月十日　とつきとおか　127
途方に暮れる　とほうにくれる　144
共白髪　ともしらが　130
友待つ雪　ともまつゆき　87
豊葦原　とよあしはら　100
虎が涙　とらがなみだ　84
虎の巻　とらのまき　159
取り違え　とりちがえ　179
努力だ。勉強だ。それが天才だ
どりょくだ。べんきょうだ。それがてんさいだ。　161
泥臭い　どろくさい　118
永久・常　とわ　73
問わず語り　とわずがたり　109
常の別れ　とわのわかれ　73

な

蔑ろ　ないがしろ　164
内々　ないない　44
等閑　なおざり　164
眺めの空　ながめのそら　79
流れに棹さす　ながれにさおさす　179
嘆きの霧　なげきのきり　178
名残雪　なごりゆき　87
情けは人の為ならず
なさけはひとのためならず　180
生さぬ仲　なさぬなか　132
済し崩し　なしくずし　182
宥める　なだめる　30
七つ屋　ななつや　116
何はさておき　なにはさておき　40
涙川　なみだがわ　101
南無三　なむさん　154
南無三宝　なむさんぼう　154
縵面形　なめかた　172
悩む　なやむ　144

誰そ彼時·黄昏時　たそがれどき　71
伊達　だて　119
立てば芍薬座れば
牡丹歩く姿は百合の花
"たてばしゃくやくすわれば
ぼたんあるくすがたはゆりのはな"　59
楽しい　たのしい　143
旅立つ　たびだつ　128
魂消る　たまげる　178
玉の緒　たまのお　35
玉響　たまゆら　106
玉響現象　たまゆらげんしょう　106
揺蕩う·猶予う　たゆたう　106
垂氷　たるひ　176
断ずる　だんずる　47

ち

知音　ちいん　176
知恵·智慧　ちえ　154
知己　ちき　176
契　ちぎり　37
千々に乱れる　ちぢにみだれる　144
千歳の声　ちとせのこえ　173
血の汗　ちのあせ　42
血の気が下がる
ちのけがさがる　38
血の涙　ちのなみだ　142
血は水よりも濃い
ちはみずよりもこい　157
魑魅魍魎　ちみもうりょう　111
鬱金香　ちゅーりっぷ　76
超弩級　ちょうどきゅう　177
眺望絶佳　ちょうぼうぜっか　97
猪日　ちょじつ　70

つ

束の間　つかのま　73
月　つき　90
月白　つきしろ　79
月に磨く　つきにみがく　90
月の雫　つきのしずく　94
月の剣　つきのつるぎ　91
月読命
つきよみのみこと·つくよみのみこと　90
拙い　つたない　52
筒井筒　つついづつ　171
旋毛を曲げる　つむじをまげる　141
強い　つよい　147
辛い　つらい　146
兵·強者　つわもの　165

て

手綺麗　てぎれい　57
鉄砲雨　てっぽうあめ　83
出入り　ではいり　44

生死　せいし　127
青女　せいじょ　66
青女月　せいじょづき　70
青年・盛年・成年　せいねん　125
青嵐　せいらん　85
積乱雲　せきらんうん　80
世知・世智　せち　44
世知辛い　せちがらい　44
雪花　せっか　87
雪月花　せつげっか　93
拙子　せっし　53
絶対は絶対にない
ぜったいはぜったいにない　161
刹那　せつな　73,155
切ない　せつない　145
節分を過ぎ　せつぶんをすぎ　67
拙老　せつろう　53
是非に及ばず　ぜひにおよばず　167
蝉時雨が賑やかに降り注ぐ季節
せみしぐれがにぎやかにふりそそぐきせつ　68
千古　せんこ　73
千載一遇　せんざいいちぐう　75
千里眼　せんりがん　60

そ

蒼穹　そうきゅう　79
蒼天　そうてん　79
相好を崩す　そうごうをくずす　155
息災　そくさい　153
楚々　そそ　120
袖振り合うも他生の縁
そでふりあうもたしょうのえん　181
外待雨　そとまちあめ　83
日照雨　そばえあめ　82
戯雨　そばえ　82
空　そら　79
空の鏡　そらのかがみ　91
空火照り　そらほでり　80
そろそろ炬燵が恋しい季節
そろそろこたつがこいしいきせつ　69

た

第一人者　だいいちにんしゃ　46
太古　たいこ　73
太公望　たいこうぼう　160
醍醐味　だいごみ　154
大山（泰山）鳴動して鼠一匹
たいざんめいどうしてねずみいっぴき　156
大団円　だいだんえん　26
大椿　だいちゅん・だいちん　126
嫋やか　たおやか　107
手弱女　たおやめ　107
匠　たくみ　42
酣（闌）　たけなわ　75
竹の春　たけのはる　70
嗜み　たしなみ　34,118

春寒料峭のみぎり
しゅんかんりょうしょうのみぎり 67
春秋　しゅんじゅう 125
春秋高し　しゅんじゅうたかし 125
春秋に富む　しゅんじゅうにとむ 125
順風　じゅんぷう 86
殤　しょう 128
小者　しょうしゃ 125
消息子　しょうそくし 172
消息通　しょうそくつう 172
消息がる　しょうそこがる 172
昇天　しょうてん 128
浄天眼　じょうてんがん 60
松濤　しょうとう 85
正念場　しょうねんば 75
初心　しょしん 163
所帯崩し　しょたいくずし 129
所帯を持つ　しょたいをもつ 129
白白明け　しらしらあけ 71
不知火　しらぬい 65
怪　しるまし 35
白い物　しろいもの 87
素人筋　しろうとすじ 35
白無垢　しろむく 37
心火　しんか 141
心月　しんげつ 148
深山幽谷　しんざんゆうこく 92
人生訓　じんせいくん 162
神童　しんどう 124
人品骨柄卑しからず
じんぴんこつがらいやしからず 54
神仏に端を発する
しんぶつにたんをはっする 153
心星　しんぼし 89
身命　しんみょう 35
心友　しんゆう 176

す

瑞雲　ずいうん 81
瑞花　ずいか 94
忍冬　すいかずら 76
水鏡　すいきょう 91
数寄者　すきしゃ 136
すてき　すてき 168
頭抜ける　ずぬける 55
昴　すばる 88
須らく　すべからく 181
墨染　すみぞめ 37
墨染の衣　すみぞめのころも 37
すみません　すみません 23

せ

聖域　せいいき 98
精一杯　せいいっぱい 22
青雲　せいうん 80
星河　せいが・せいか 89

幸う　さきわう　34
山茶花　さざんか　76
差当って　さしあたって　40
流離　さすらい　109
雑草魂　ざっそうだましい　135
早花咲月　さはなさきづき　70
仙人掌　さぼてん　76
座右の銘　ざゆうのめい　162
さようなら　さようなら　21
左翼　さよく　158
小夜時雨　さよしぐれ　83
百日紅　さるすべり　76
散華　さんげ　128
三国一　さんごくいち　167
参上します　さんじょうします　51
山紫水明　さんしすいめい　98
三千世界の烏を殺し主と
朝寝がしてみたい
さんぜんせかいのからすをころしぬしと
あさねがしてみたい　114
三夜　さんや　91

し

思案投げ首　しあんなげくび　174
潮合　しおあい　74
潮時　しおどき　74
潮ならぬ海　しおならぬうみ　176
塩花　しおばな　174
柵　しがらみ　105
時雨月　しぐれづき　70
時候　じこう　67
仕事　しごと　42
自性の月　じしょうのつき　148
下心　したごころ　34
強か・健か　したたか　147
したり顔　したりがお　41
七剣星　しちけんぼし　89
七曜星　しちようせい　89
指南車　しなんしゃ　46
指南役　しなんやく　46
鎬を削る　しのぎをけずる　39
注連の内　しめのうち　67
仕舞屋　しもたや　166
謝恩　しゃおん　19
洒落る　しゃれる　114
祝言　しゅうげん　129
十三元屋　じゅうさんげんや　177
祝着　しゅうちゃく　25
秋波　しゅうは　59
十八番　じゅうはちばん　60
秋麗　しゅうれい　65
守護本尊　しゅごほんぞん　112
首尾よく　しゅびよく　180
寿福　じゅふく　140
手腕家　しゅわんか　43
春花秋月　しゅんかしゅうげつ　63

虚空　こくう　79
国士無双　こくしむそう　55
極楽の余り風
ごくらくのあまりかぜ　86
呱々の声をあげる
ここのこえをあげる　127
心の月　こころのつき　148
心咽す　こころむす　142
心を致す　こころをいたす　178
心を起こす　こころをおこす　178
心を用いる　こころをもちいる　178
心を遣る　こころをやる　178
来し方行く末
こ(き)しかたゆくすえ　73
腰強　こしづよ　173
一斗二升五合
ごしょうばいますますはんじょう　177
腰弱　こしよわ　173
腰を抜かす　こしをぬかす　178
古人の教え　こじんのおしえ　161
木魂・木霊　こだま　113
御馳走様でした
ごちそうさまでした　20
骨肉　こつにく　133
今年の冬将軍は手強いとか
ことしのふゆしょうぐんはてごわいとか　70
言霊　ことだま　113
言霊の幸ふ国
ことだまのさきわうくに　176
言伝　ことづて　35
言葉　ことば　3
言葉質　ことばじち　46
言祝ぎ　ことほぎ　25
木の下闇　このしたやみ　172
小春日和　こはるびより　66
子福　こぶく　140
子福者　こぶくしゃ　140
御夢想　ごむそう　155
御厄介になります
ごやっかいになります　24
子故の闇　こゆえのやみ　131
(どうぞ)御緩りと　ごゆるりと　27
暦の上では夏となりました
こよみのうえではなつとなりました　68
これ　これ　170
衣手の森　ころもでのもり　102
今日は　こんにちは　21

さ

催花雨　さいかう　84
細工は流々仕上げを御覧じろ
さいくはりゅうりゅうしあげをごろうじろ　115
栄え少女　さかえおとめ　36
逆風　さかかぜ　86
月代　さかやき　79

雲　くも　80
鞍替え　くらがえ　43
暮らし　くらし　44
栗よりうまい十三里
くりよりうまいじゅうさんり　116
狂い花　くるいばな　66
紅の雨　くれないのあめ　84
暮れ泥む　くれなずむ　72
紅蓮　ぐれん　155
紅蓮華　ぐれんげ　155
紅蓮の炎　ぐれんのほのお　155
黒い霧　くろいきり　178
玄人筋　くろうとすじ　35

け

慶雲　けいうん　81
鶏日　けいじつ　70
傾城　けいせい　58
芸能　げいのう　151
景色　けしき　97
月光浴　げっこうよく　113
下馬評　げばひょう　167
外連味のない　けれんみのない　151
紫雲英　げんげ(れんげそう)　76
健児　けんじ　125
謙譲　けんじょう　51
眷属　けんぞく　133
言質　げんち　46
懸氷　けんぴょう　176
原風景　げんふうけい　93

こ

恋　こい　145
恋に焦がれて鳴く蝉よりも
鳴かぬ蛍が身を焦がす
こいにこがれてなくせみよりも
なかぬほたるがみをこがす　114
恋の松原　こいのまつばら　101
恋は盲目　こいはもうもく　156
恋は闇　こいはやみ　156
御隠居様　ごいんきょさま　126
業　ごう　55
紅雨　こうう　84
好好爺　こうこうや　126
好色家　こうしょくか　136
幸甚　こうじん　20
好事家　こうずか　136
業風　ごうふう　86
紅涙を絞る　こうるいをしぼる　142
五雲　ごうん　81
五雲の車　ごうんのくるま　81
声を失う　こえをうしなう　38
コーホート語　こーほーとご　38
御機嫌好う　ごきげんよう　21
小汚い　こぎたない　56
小綺麗　こぎれい　57

き

生一本　きいっぽん　136
機縁　きえん　75
奇縁　きえん　75
機縁法　きえんほう　75
義侠心　ぎきょうしん　135
帰去来　ききょらい　174
気骨　きこつ　147
兆し　きざし　35
気散じ　きさんじ　30
羊蹄　ぎしぎし　76
絆　きずな　105
義絶　ぎぜつ　134
生蕎麦　きそば　181
吉祥　きっしょう　35
狐の嫁入り　きつねのよめいり　82
狐火　きつねび　112
狐福　きつねふく・きつねぶく　140
気の置けない　きのおけない　180
貴辺　きへん　53
貴方　きほう　53
気保養　きほよう・きぼよう　30
肝入り　きもいり　33
肝を潰す　きもをつぶす　178
逆風　ぎゃくふう　86
九族　きゅうぞく　134
慶雲　きょううん　81
鏡花水月　きょうかすいげつ　91
鏡花水月法　きょうかすいげつほう　91
僥倖　ぎょうこう　140
玉輪　ぎょくりん　91
煌めく　きらめく　59
綺羅を飾る　きらをかざる　118
器量人　きりょうじん　55
器量よし　きりょうよし　58
きりり　きりり　120
麒麟児　きりんじ　124
霧る　きる　178
切れ者　きれもの　43
金烏玉兎　きんうぎょくと　91
銀花・銀華　ぎんか　87
銀河　ぎんが　89
金字塔　きんじとう　56
錦秋の候　きんしゅうのこう　69
琴線に触れる　きんせんにふれる　151
禁断の果実　きんだんのかじつ　158
銀竹　ぎんちく　176
銀湾　ぎんわん　89

く

寓居　ぐうきょ　53
草の戸　くさのと　53
狗日　くじつ　70
口綺麗　くちぎれい　57
九分九厘　くぶくりん　41

か

解語の花　かいごのはな　58
快諾　かいだく　22
偕老　かいろう　130
帰り雛　かえりびな　130
肯ずる　がえんずる　40
河漢　かかん　89
杜若　かきつばた　76
確信犯　かくしんはん　181
隠れる　かくれる　128
影法師　かげぼうし　113
風花　かざはな・かざばな　66
畏まりました　かしこまりました　51
かしこみかしこみ
かしこみかしこみ　153
佳日・嘉日　かじつ　26
華燭の典　かしょくのてん　129
花信　かしん　68
花信風　かしんふう　85
幽か　かすか　109
霞初月　かすみぞめづき　70
風　かぜ　85
風の伯爵夫人
かぜのはくしゃくふじん　81
カタカナ　かたかな　46
忝い　かたじけない　20
固め　かため　47
火中の栗を拾う
かちゅうのくりをひろう　158
花鳥風月　かちょうふうげつ　97
月光殿　がっこうでん　90
月天子　がってんし　90
桂　かつら　91
桂男　かつらお　91
悲しむ　かなしむ　142
蛾眉　がび　91
花風　かふう　85
傾奇者　かぶきもの　119
傾く　かぶく　119
果報者　かほうもの　55
下名　かめい　53
空茶ですみません
からちゃですみません　28
仮初　かりそめ　105
彼は誰時　かわたれどき　71
瓦版　かわらばん　164
甲　かん　151
寒九の水　かんくのみず　66
漢語　かんご　33
漢字　かんじ　159
神立雲　かんだちぐも　80
勘当　かんどう　134
寒の水　かんのみず　66
頑張って　がんばって　30
眼福　がんぷく　140

おしゃま　おしゃま　123
御洒落　おしゃれ　117
御裾分け　おすそわけ　28
御世話になります
おせわになります　23
御粗末様でした　おそまつさまでした　52
恐れ入谷の鬼子母神
おそれいりやのきしもじん　116
(どうぞ)御大事に　おだいじに　29
(どうぞ)お平らに　おたいらに　27
お互い様ですから
おたがいさまですから　24
御達者で　おたっしゃで　168
御賜め　おため　28
小田原評定　おだわらひょうじょう　165
御茶を濁す　おちゃをにごす　40
乙　おつ　151
御勤め　おつとめ　42
御手数ですが
おてかず(おてすう)ですが　52
御転婆　おてんば　123
男時　おどき　74
男気　おとこぎ　135
御年　おとし　53
貶める　おとしめる　40
弟待つ雪　おとまつゆき　87
鬼殺し　おにごろし　175
鬼火　おにび　112
御願いします　おねがいします　23
十八番　おはこ　60
小母様・伯母様・叔母様
おばさま　87
御祓箱・御払箱　おはらいばこ　48
御福分け　おふくわけ　28
天が紅　おまんがべに　80
御神酒徳利　おみきどっくり　178
媼　おみな　126
女郎花　おみなえし　76
女郎花月　おみなえしづき　70
御粧し　おめかし　117
おめでとう　おめでとう　25
思い　おもい　148
面白い　おもしろい　177
主立つ・重立つ　おもだつ　48
万年青　おもと　76
趣き　おもむき　105
慮る　おもんばかる・おもんぱかる　34
親子　おやこ　131
及ばず乍ら　およばずながら　52
御慶び申し上げます
およろこびもうしあげます　26
御詫び行脚　おわびあんぎゃ　154
温室育ち　おんしつそだち　131
女気　おんなぎ　135
乳母日傘　おんばひがさ　131

内の人　うちのひと　133
打ち水　うちみず　45
有頂天　うちょうてん　139
内輪　うちわ　44
空蝉　うつせみ　108
烏兎　うと　91
卯花月　うのはなづき　70
産土神　うぶすながみ　112
肯う　うべなう　38
倦まず弛まず　うまずたゆまず　163
有無相通ずる　うむあいつうずる　23
梅仕事　うめしごと　45
右翼　うよく　158
心悲しい　うらがなしい　39
心安の国　うらやすのくに　176
雨露　うろ　170
雲霧　うんむ　178

え

絵空事　えそらごと　170
悦に入る　えつにいる　148
金雀枝　えにしだ　76
鴛鴦の契　えんおうのちぎり　130
縁切り星　えんきりぼし　89

お

老い鶯　おいうぐいす　64
御医者様でも草津の湯でも
おいしゃさまでもくさつのゆでも　114
御労しい　おいたわしい　29
翁　おう　126
黄金律　おうごんりつ　157
逢坂　おうさか　102
往生　おうじょう　128
御移り　おうつり　28
媼　おうな　126
逢う魔が時　おうまがとき　111
淡海・近江の海　おうみのうみ　176
嗚咽　おえつ　142
大禍時　おおまがとき　111
大見得を切る　おおみえをきる　152
御蔭様で　おかげさまで　19
御冠　おかんむり　141
置き潮　おきしお　74
翁　おきな　126
御気の毒に　おきのどくに　29
小草生月　おぐさおいづき　70
御口汚し　おくちよごし　28
奥山　おくやま　92
奥床しい　おくゆかしい　120
怒る　おこる　141
御下がり・御降　おさがり　83
幼子　おさなご　123
おさんどん　おさんどん　167
含羞草　おじぎそう　76

哀蚊　あわれが　110
行脚　あんぎゃ　154

い

言い得て妙　いいえてみょう　94
粋　いき　119
生き様　いきざま　135
生き字引　いきじびき　57
軍星　いくさぼし　89
いざ鎌倉　いざかまくら　74
慰藉　いしゃ　29
幼気　いたいけ　123
幼気盛り　いたいけざかり　123
頂きます　いただきます　19
韋駄天　いだてん　60
無花果　いちじく　76
一国者・一刻者　いっこくもの　136
一所懸命　いっしょけんめい　162
一心不乱　いっしんふらん　162
一炊の夢　いっすいのゆめ　162
一石二鳥　いっせきにちょう　157
一匹狼　いっぴきおおかみ　136
凍星　いてぼし　88
いとこ違い　いとこちがい　134
鯔背　いなせ　165
稲苗月　いななえづき　70
いの一番　いのいちばん　166
茨の道を行く　いばらのみちをゆく　146
荊を負う　いばらをおう　146
燻し銀　いぶしぎん　56
戒め　いましめ　36
忌み言葉　いみことば　25
色無き風　いろなきかぜ　65
色を作る　いろをつくる　117
祝う　いわう　25
言わぬが花　いわぬがはな　163
陰影に富む　いんえいにとむ　57
隠居仕事　いんきょしごと　126

う

初子　ういご　131
有為の奥山　ういのおくやま　92
初孫　ういまご　181
上様　うえさま　164
穿った　うがった　182
浮き浮き　うきうき　143
鶯鳴かせたこともある
うぐいすなかせたこともある　115
承りました　うけたまわりました　51
後ろ指をさされる
うしろゆびをさされる　146
雨水　うすい　67
薄汚い　うすぎたない　56
泡沫　うたかた　108
歌枕　うたまくら　101
内々　うちうち　44

索引

あ

扁桃　あーもんど　175
哀咽　あいえつ　142
相老　あいおい　130
哀毀　あいき　172
愛敬　あいきょう　153
愛敬の相　あいきょうのそう　153
愛嬌紅　あいきょうべに　117
哀号　あいごう　172
挨拶　あいさつ　21,67
哀傷　あいしょう　172
愛の結晶　あいのけっしょう　131
相身互い　あいみたがい　24
青嵐　あおあらし　85
青い鳥　あおいとり　157
青田買い　あおたがい　180
青葉闇　あおばやみ　172
暁　あかつき　71
暁闇　あかときやみ　71
垢抜ける　あかぬける　118
赤ら乙女　あからおとめ　173
赤ら顔　あからがお　173
秋麗　あきうらら　65
秋津島　あきつしま　176
諦めないで　あきらめないで　30
諦めは心の養生
あきらめはこころのようじょう　162
商人　あきんど　47
吾子　あこ　131
汗水流す　あせみずながす　42
徒花　あだばな　173
圧巻　あっかん　159
天晴れ・遖　あっぱれ　54
艶やか　あでやか　107
後懐　あとふところ　132
荒家　あばらや　53
天が紅　あまがべに　80
甘酸っぱい　あまずっぱい　145
天津狐　あまつきつね　89
天照大神
あまてらすおおみかみ　90
雨催い　あまもよい　82
雨夜の品定め
あまよのしなさだめ　166
雨　あめ　82
雨風　あめかぜ　171
雨俵　あめだわら　81
雨降って地固まる
あめふってじかたまる　26
雨模様　あめもよう　82
綾錦　あやにしき　118
有明の月　ありあけのつき　109
有り難う　ありがとう　19
あれ　あれ　170
あわよくば　あわよくば　41

参考文献

『美しい日本語の辞典』小学館辞典編集部編（小学館）
『合本　俳句歳時記　第四版』角川学芸出版編（KADOKAWA）
『国語大辞典』尚学図書編（小学館）
『新版　日本語「語源」辞典』学研辞典編集部編（学習研究社）
『増補版　日本語源広辞典』増井金典著（ミネルヴァ書房）

青春文庫

語彙力《ごいりょく》も品《ひん》も高《たか》まる一発変換《いっぱつへんかん》
「美《うつく》しい日本語《にほんご》」の練習帳《れんしゅうちょう》
いつもの言葉《ことば》が、たちまち知的《ちてき》に早変《はやが》わり！

2017年 9月20日　第1刷

著　者　知的生活研究所《ちてきせいかつけんきゅうじょ》

発行者　小澤源太郎

責任編集　株式会社プライム涌光

発行所　株式会社青春出版社

〒162-0056　東京都新宿区若松町 12-1
電話 03-3203-2850（編集部）
03-3207-1916（営業部）
振替番号　00190-7-98602

印刷／中央精版印刷
製本／フォーネット社
ISBN 978-4-413-09678-2

ほんとうのあなたに出逢う ◆ 青春文庫

トラブルの種は心の中にある

「めんどくさい人」の心理

加藤諦三

なぜ、あの人はトラブルをいつも引き寄せるのか？ 職場・家族・人間関係で人とモメない心理学

(SE-664)

誰も知らなかった日本史

その後の顛末《てんまつ》

歴史の謎研究会［編］

厳しい弾圧で「棄教」した二人のキリシタンの謎と真実…ほか結末に隠されたドラマに迫る！

(SE-665)

子どもの心に届く「いい言葉」が見つかる本

名言発掘委員会［編］

その「ひと言」には、人生を変える力が宿っている――。悩める心に寄り添う珠玉の名言集。

(SE-666)

身につけたことが即、お金と夢につながる

お金持ちになる勉強法

臼井由妃

何から勉強したらいいのかわからない人、スキルアップしたい人、お金につながる資格を知りたい人にオススメ！

(SE-667)

想いがつのる日本の古典！
妖しい愛の物語

三輪山の蛇神、葛の葉、
黒姫と黒龍、立烏帽子…
神々や妖異が人と縁を結んだ異類婚姻譚！

古典の謎研究会［編］

(SE-668)

自分の中に孤独を抱け

ひとりでもいい――
弱いままなら弱いまま
誇らかに生きる

岡本太郎

(SE-669)

〝ややこしい〟をスッキリさせる
幕末と明治維新 10のツボ

夢、怒り、欲望…が渦巻く
混沌の時代を、ていねいに解きほぐす、
大人のための超入門！

歴史の謎研究会［編］

(SE-670)

日本人の9割が答えられない
理系の大疑問100

電卓はなぜ計算間違いをしないのか？
「何万光年」離れた星の距離がどうして
わかるのか？　納得の「理系雑学」決定版！

話題の達人倶楽部［編］

(SE-671)

仕事も女も運も引きつける「選ばれる男」の条件

残念な男から脱却する、39の極意

自分を変える、人生が変わる！
大人の色気、さりげない会話…誰もが
付き合いたくなる人は何を持っているのか⁉

潮凪洋介

(SE-672)

残業ゼロの快速パソコン術

ウインドウズ操作、ワード&エクセル、
グーグル検索&活用術まで、
ムダがなくなる時短ワザが満載！

知的生産研究会［編］

(SE-673)

折れない・凹まない・ビビらない！ 忍者「負けない心」の秘密

忍者が超人的な力を持っているのは？
現代科学が明らかにした
知られざる忍びの心技体

小森照久

(SE-674)

故事・ことわざ・四字熟語 教養が試される100話

「名刺」はなぜ「刺」を使うのか？
「辛」が「からい」意味になった怖～いワケ
知ればますます面白い！　本物の語彙力

阿辻哲次

(SE-675)